新泉社

ビジュアル版

旧石器時代ガイドブック

堤　隆

●目次

装　幀　新谷雅宣
本文図版　松澤利絵

01 ようこそ旧石器時代へ

「日本でいちばん長かった時代は」

ミュージアムに来た小学生に、こう質問してみます。

「江戸時代！」返ってくるのはたいていこうした答えです。

でも江戸時代は、たった二六四年間しか続いていません。

「じゃあ縄文時代？」縄文時代は一万年以上も続きました。しかし、違います。

正解は、二万五〇〇〇年間続いた旧石器時代です。およそ四万年前から一万五〇〇〇年前までの最も古い時代で、日本の歴史の半分以上は旧石器時代が占めている計算になります。

それほど長く続いた時代にもかかわらず、わかっていることがいちばん少ない時代です。

でも、基本的には次のような時代であるといえます。

アイス・エイジ、つまり氷河時代にあたります。

マンモス・エイジ、今では絶滅した大型哺乳類が地上を闊歩した時代でした。

ストーン・エイジ、石器時代で、土器が使われることはありませんでした。

ノマディック・エイジ、人びとは現在のように定住せず、遊動生活《ノマディック・ライフ》を送った時代でした。北海道から沖縄まで、日本列島各地には現在一万カ所以上の旧石器時代遺跡が確認されています。そのほとんどが、開けた場所にある開地遺跡《オープンサイト》で、洞窟や岩陰などは居住の場としてごくまれです。

旧石器時代の遺跡は、たとえば東京都野川《のがわ》流域のように、小河川の流域に沿った小さな丘の突端に点々と残されています。そこには湧水点もしばしばあります。この場所が選ばれたのは、生活に必要な水があり、狩りの対象となる動物が集まる水呑場となったからだとも、川沿いが遊動生活に好都合だったからだともいわれています。ただこのキャンプ地には、縄文時代のように、地面を深く掘り炉を設けたしっかりした竪穴《たてあな》住居は作られませんでした。

こうした遺跡とは別に、黒曜石を産出する北海道遠軽《えんがる》町白滝《しらたき》遺跡群や長野県和田峠の男女《おめ》倉《ぐら》遺跡群、サヌカイトのある二上山《にじょうざん》北麓遺跡群などのように、石器の材料となる石材原産地に残された遺跡もあります。野川流域のような石器や石材の消費地遺跡とは性格が異なる原産地遺跡といえます。

旧石器遺跡から見つかるのは、たいてい礫《れき》や石器を作ったときに出た石クズばかりです。運がよければ「ナイフ形石器」など石器そのものが見つかることがありますが、石器以外のものに当たることはめったにありません。〝万〟という時間が木や骨を分解してしまったからです。唯一、骨を磨いたヤリが岩手県花泉《はないずみ》遺跡から発見されています。

旧石器時代がどんな時代であったのか、これからしばらく旅してみましょう。

❻**旧石器時代遺跡の発掘調査**　石器ひとつひとつを見逃さないよう、赤土をていねいに掘り進める。長野県中ッ原1G遺跡

翠鳥園出土のナイフ形石器

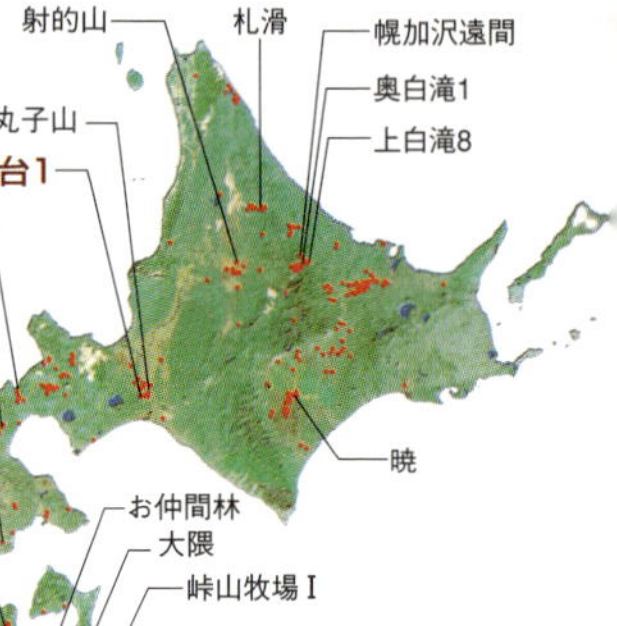
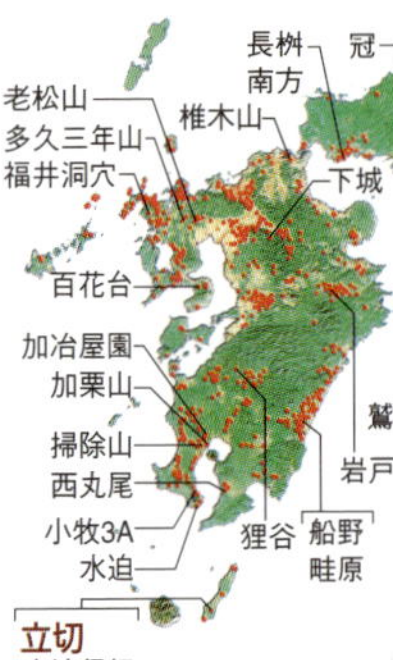
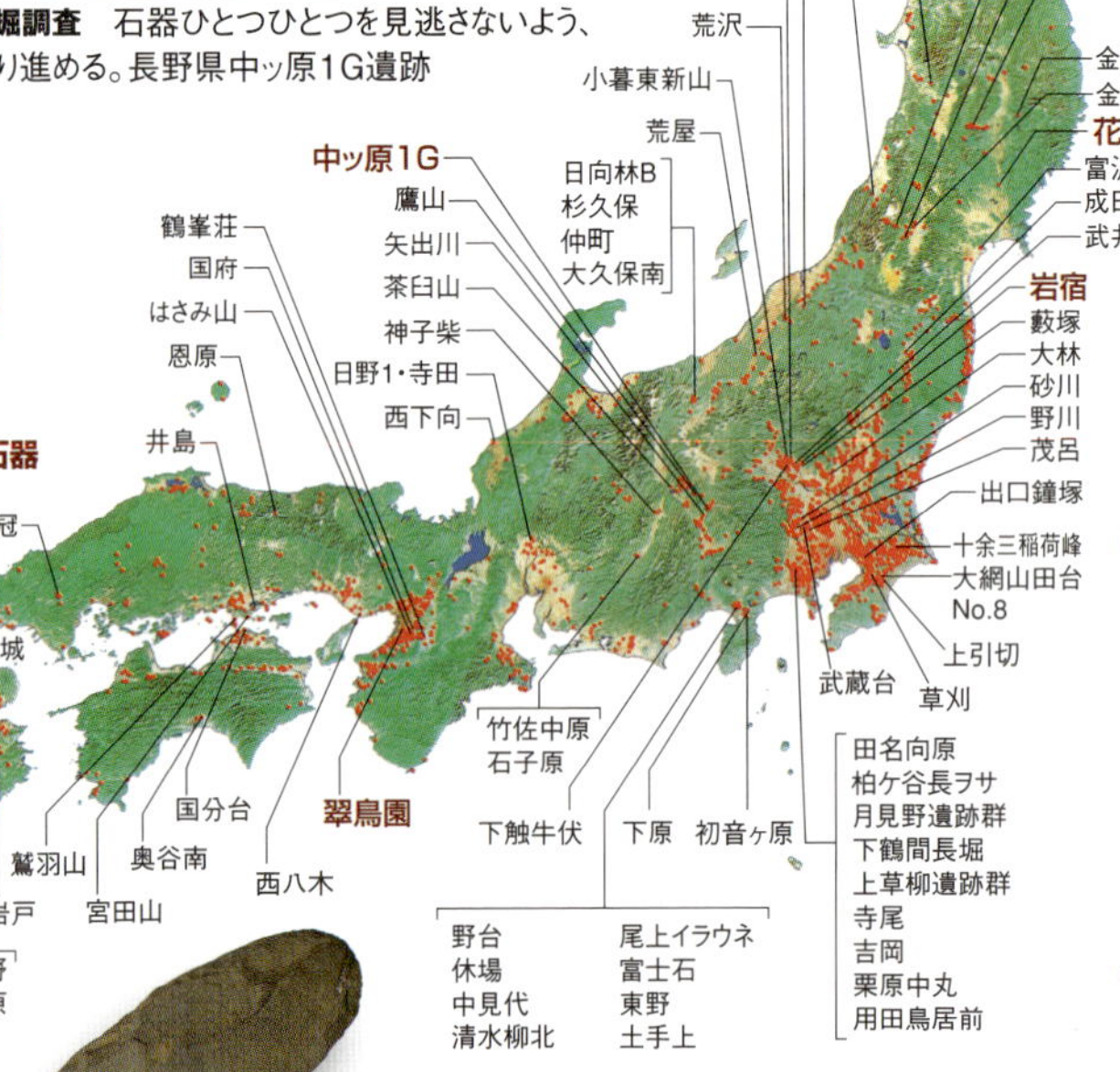

❼**日本列島の後期旧石器時代遺跡**　1万500カ所の遺跡が確認されている

柏台1の細石刃接合

岩宿の発掘で1949年に見つかった石斧

種子島立切の石斧

❽**岩宿遺跡の発掘調査**　1949年、日本で初めて旧石器が発掘された

01 旧石器時代の発見

日本列島に今から1万年以上前の更新世の人類文化である旧石器時代が存在することは、相沢忠洋の「岩宿の発見」の後、1949年の発掘調査でつき止められた。この時代は寒冷な氷河期で、今では絶滅したナウマンゾウやマンモス、オオツノジカ、ヤギュウなどの大型の哺乳類が生息していた。人びとは土器をもたず、石器や骨角器、おそらくは木器などを利用して、遊動生活を基本として暮らしていた時代である。

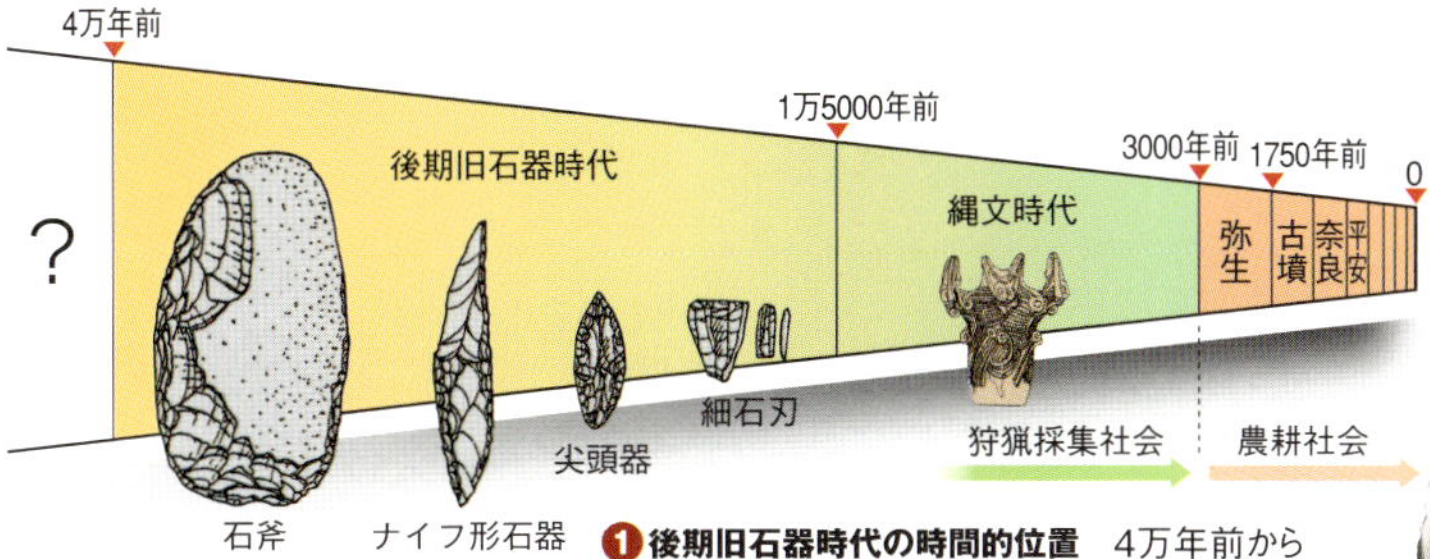

1 後期旧石器時代の時間的位置 4万年前から1万5000年前までの2万5000年間が相当

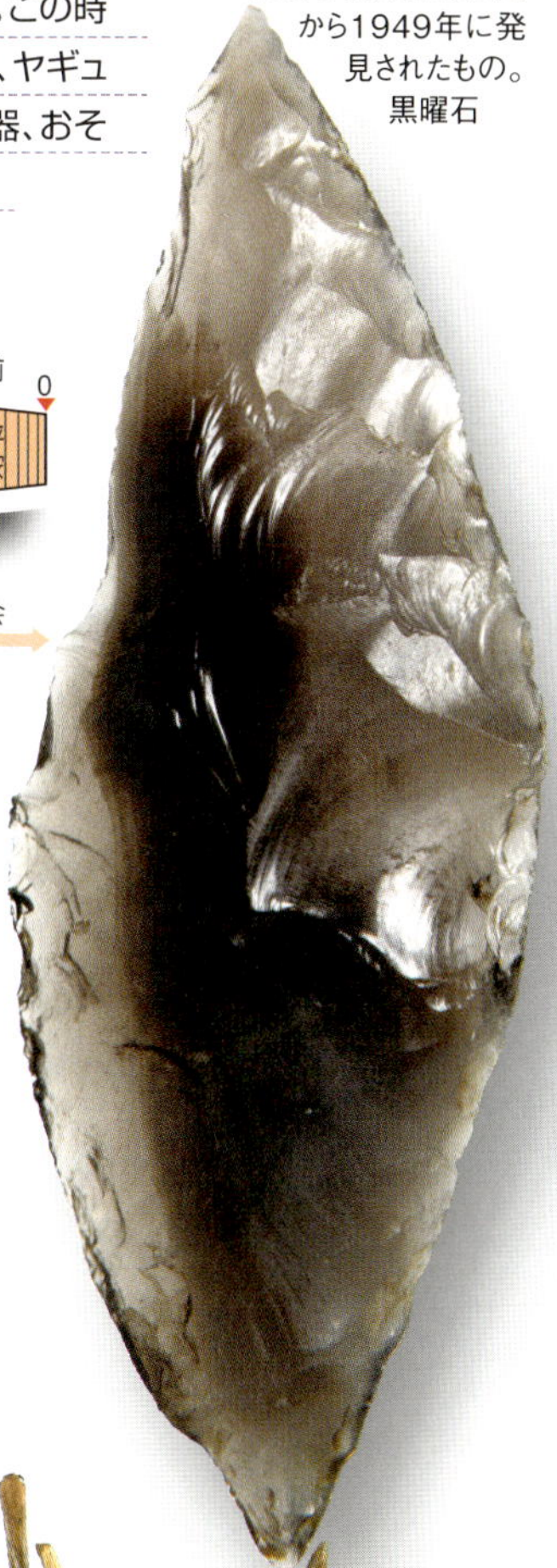

2 岩宿の尖頭器 相沢忠洋によって岩宿の赤土から1949年に発見されたもの。黒曜石

3 花泉の骨角器 野牛骨の割れ口を磨いて鋭く仕上げたもの。後期旧石器時代では唯一の出土例。岩手県

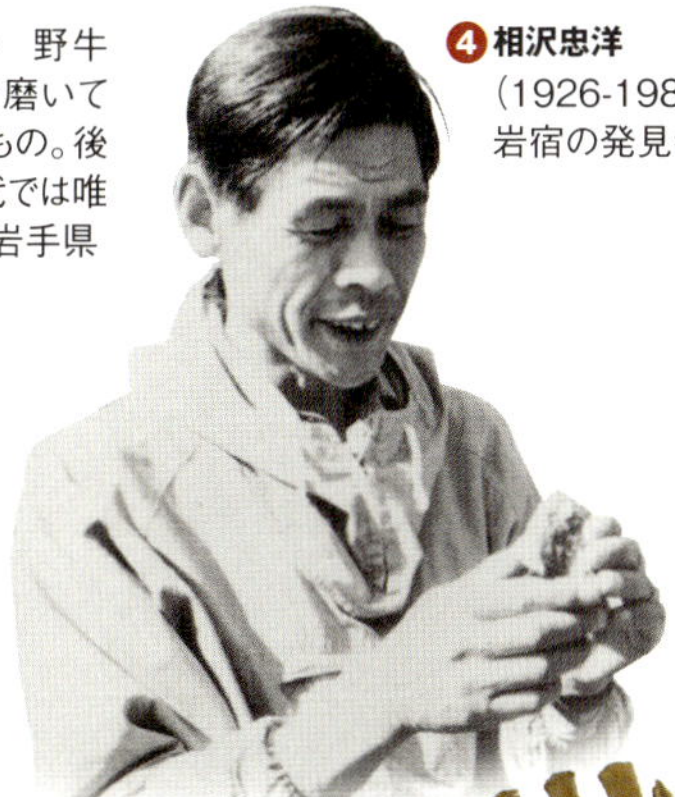

4 相沢忠洋 (1926-1989) 岩宿の発見者

5 花泉のヤギュウ 岩手県花泉遺跡から発見された2.5～3万年前の大型のヤギュウで、頭骨、鼻骨、臼歯、あごの骨など1000点以上が出土した

02

偉大なる旅

〝猿人・原人・旧人・新人〟呪文のように唱えられ、「サルからヒト」へとたどられた人類進化ですが、実際はそう単純で一直線の道のりではなかったようです。

二〇世紀末、学会を二分する「現代人の起源論争」がありました。「多地域進化説」と「アフリカ単一起源説」です。

「多地域進化説」は、化石人類の分析など形態人類学によるもので、私たち現代人（現生人類）＝新人（学名ホモ・サピエンス）の遠い祖先種となるホモ・エレクトスが一八〇万年前にアフリカを出て各地に拡散した後、アフリカ・ヨーロッパ・アジアなどの地域でそれぞれ現代人に進化した、というものです。

一方、「アフリカ単一起源説」は、二〇万年前頃アフリカに誕生したわれわれ現代人の祖先が、五～六万年前頃にユーラシアに進出、さらに世界へと拡散し、ヨーロッパでは先住のネアンデルタール人と交代し、またアジアでもホモ・エレクトスの子孫と入れ替わって、現在の私たちへと連なっているというものです。

二一世紀、軍配は「アフリカ単一起源説」に上がり、「多地域進化説」は退きました。その根拠のひとつとなったのが**ミトコンドリアDNA**＊分析です。たとえば、かつて、ネアンデルタール人（旧人）は私たちの前身などと考えられましたが、二〇〇八年にネアンデルタール人のミトコンドリアDNAの全塩基配列が決定、その分岐年代が六六（±一四）万年前とされ、約二〇万年前とされる現代人の誕生とはかけ離れていることがわかったのです。

アフリカを旅立ち、地球上のあらゆる場所へと拡散した現代人の道程は、「偉大なる旅《グレート・ジャーニー》」などと呼ばれています。あるものはヨーロッパに、あるものは東南アジアをへて五万年前頃にオーストラリアに、またあるものは二万年前までにシベリアを越え、ベーリング海峡を渡って一万五〇〇〇年前までに北アメリカに、さらには南アメリカへと分け入って、一万二〇〇〇年前までにはその南端のフエゴ島まで到達したことがわかっています。

日本列島へは、東南アジアから琉球列島を経て九州へと入る南の道、朝鮮半島を経由して九州へと入る道、シベリア・サハリンを経て北海道・本州へと入る北の道などがあったことが想定されます。これらのどれかの道というよりは、それぞれの道が同時に、あるいは時期を違えるなどして機能していた可能性があります。旧石器の年代からは、およそ四万年前には、ホモ・サピエンスがやってきたのは確実なようです。

いまや世界二三〇カ国中の第一〇位の人口を占め、一億二七〇〇万人もの人びとが暮らす日本列島。アジアの片隅のこの小さな島に最初に足を踏み入れた人びとは、いったいどうやって命の灯をつないだのでしょう。その謎を解くカギを考古学研究がにぎっています。

＊**ミトコンドリアDNA**　生物の細胞小器官のひとつであるミトコンドリア内にある遺伝情報を担う物質。母親から子に受け継がれる特性を生かし、人類の系譜を追う研究などに利用される。

❺考えられる日本列島への人類拡散ルート　1や2のルートは確実に機能した。どれかひとつのルートが機能しただけではなかったのだろう

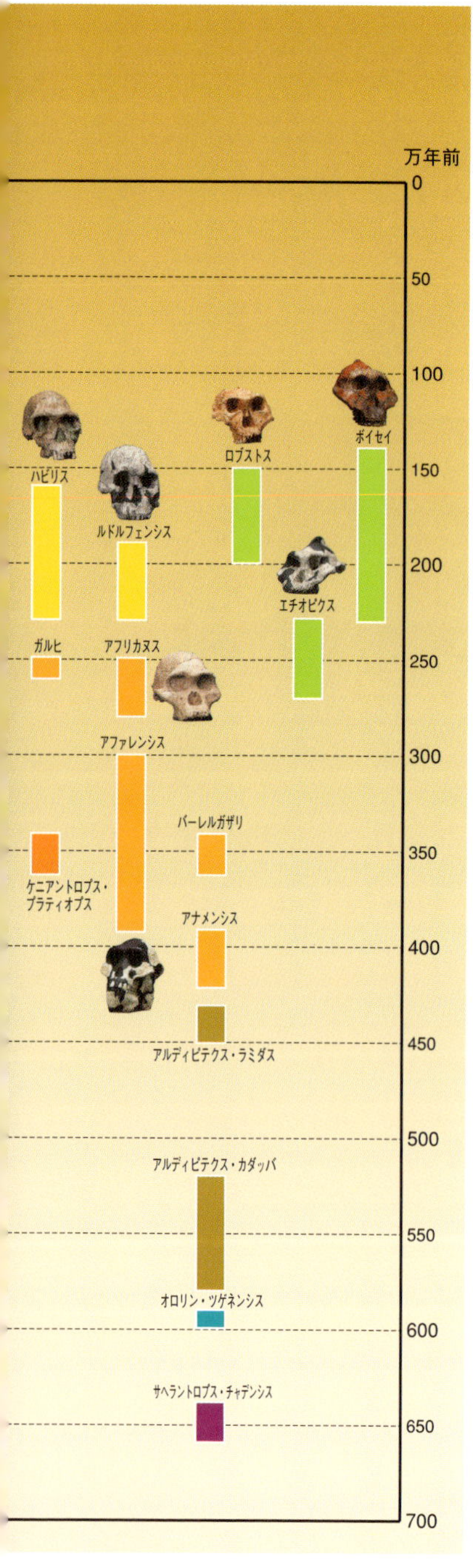

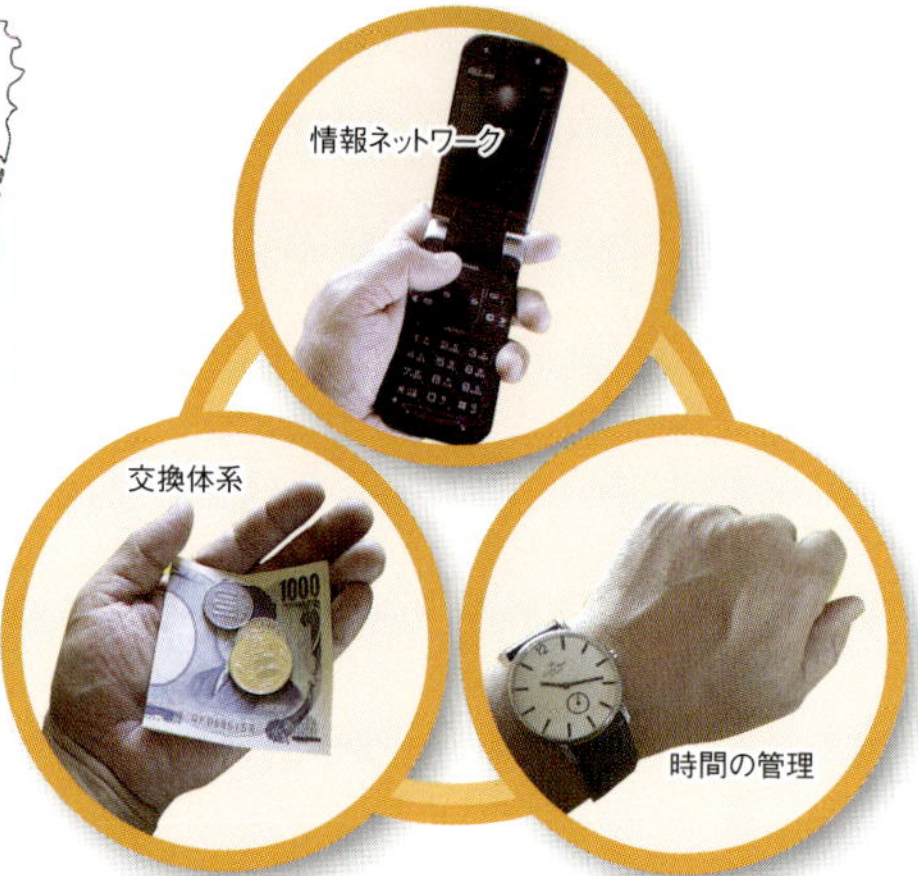

❻「現代人」の行動的特徴　ホモ・サピエンスには、シンボルの使用や抽象的思考、時間を管理する計画的行動、行動・経済・技術に関する発明能力が備わった。交換体系や情報ネットワークの整備もそのひとつである

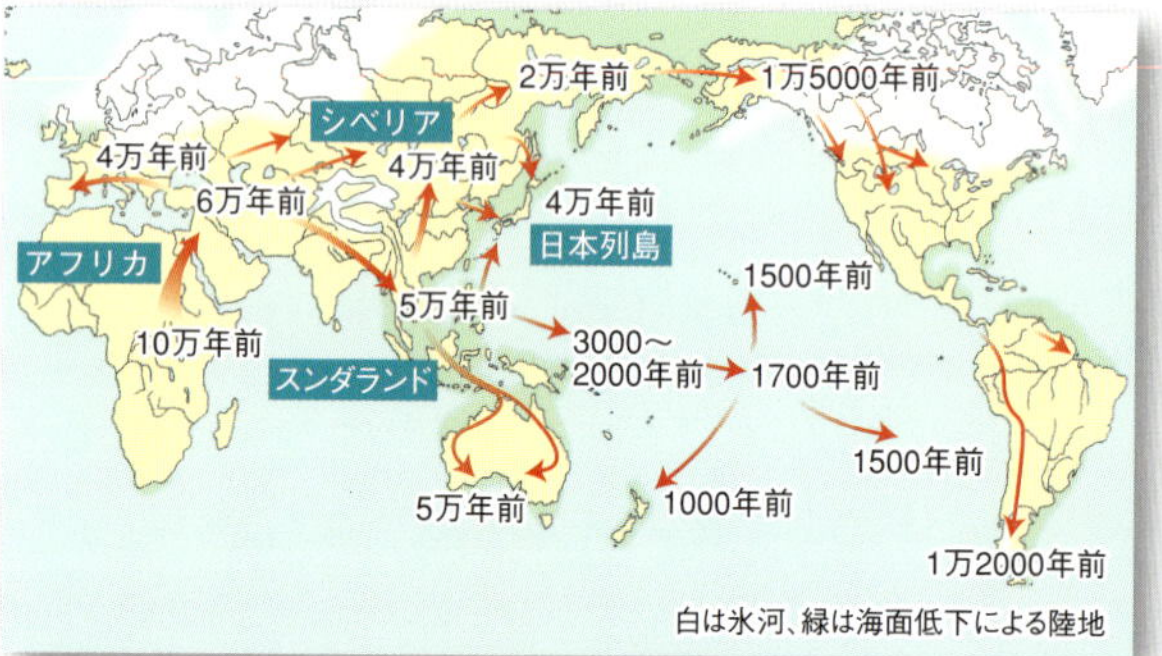

❼グレート・ジャーニー　ホモ・サピエンスの地球上への拡散をアメリカの人類学者ブライアン・フェイガンは「偉大なる旅」と呼んだ

❽港川人1号男性頭骨　2万年前のその顔は、現日本人と比べると高さがなく短い。最新の研究では、下アゴの部分が写真より幅がなくスリムに復元されるという。脳容量は1335ml

02 私たちはどこから来たか

私たちとはいったい何者か。この日本列島にやってきたのはいつだったのか。こうした根源的な問いかけに、考古学や人類学はこう答える。すなわち、私たちは、多くの人類が生まれては絶滅する中で唯一生き残ったホモ・サピエンスという種であり、この日本列島に足跡を印したのは、アフリカからの偉大なる旅の途中で、4万年ほど前のことであると。

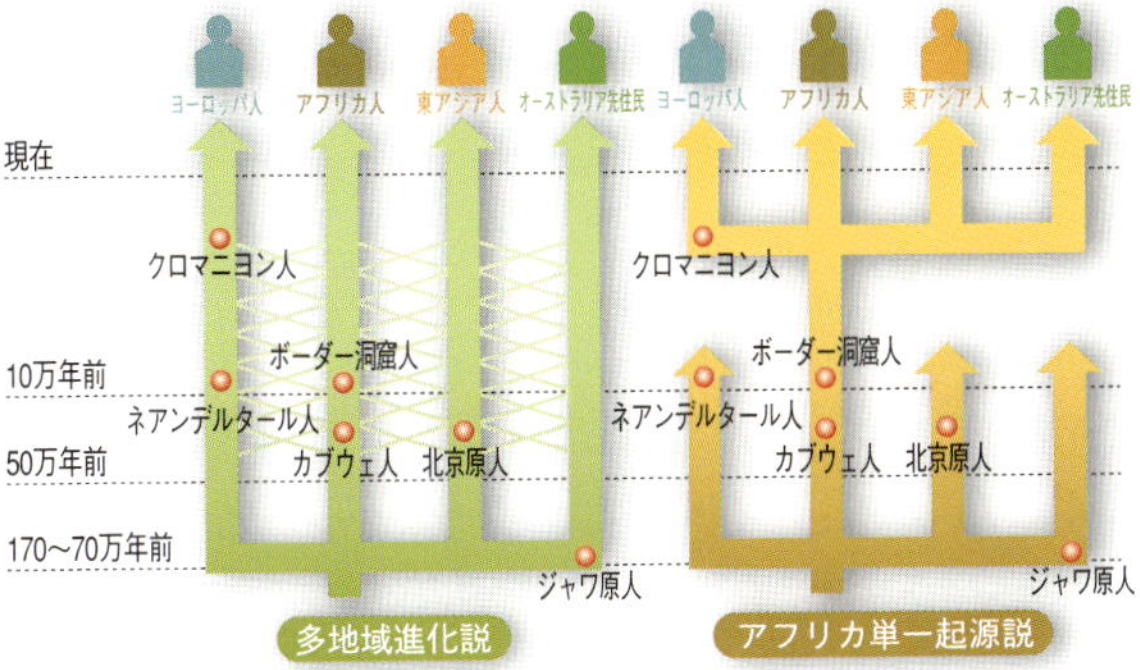

❶「現代人」の起源に関する2説　現在は「アフリカ単一起源説」が定説化

❷ネアンデルタール人
DNA研究などで、私たちホモ・サピエンスの直接的祖先ではないことがわかった。馬場悠男博士の復元による。国立科学博物館展示

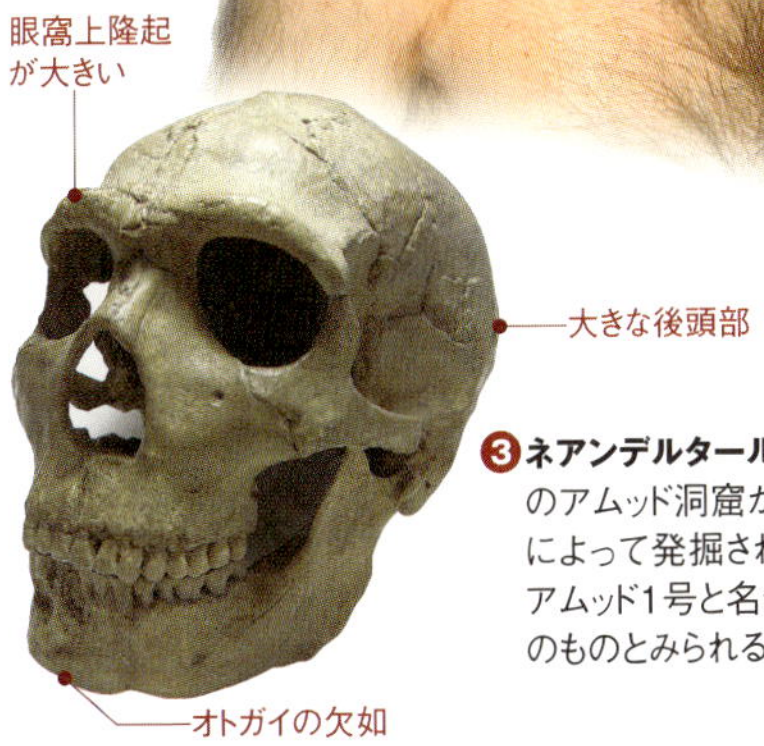

❸ネアンデルタール人の頭骨　イスラエルのアムッド洞窟から東京大学の調査団によって発掘された25歳ほどの男性。アムッド1号と名付けられ、5～6万年前のものとみられる。複製

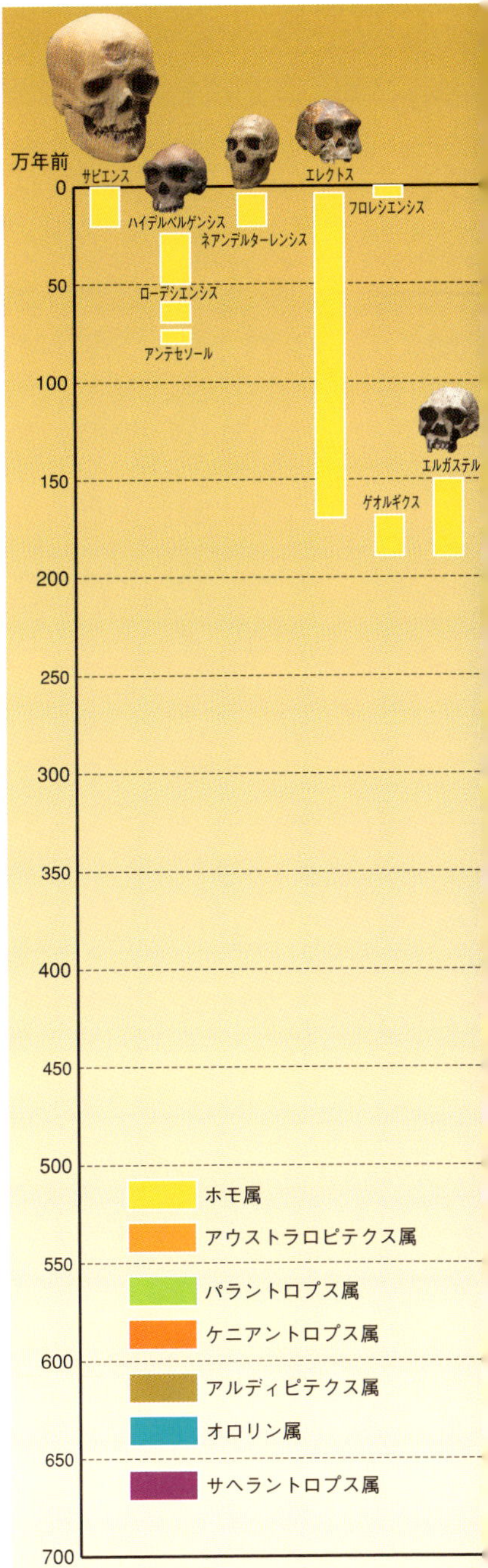

❹人類の進化と系統　かつては400万年前を基底とするとされた人類の起源だが、ラミダス、カダッバとさかのぼり、今日ではアフリカのチャド砂漠で発見されたチャデンシスが700万年前にとどこうという最古の人類の座を獲得した。しかしさらに古い人類の発見の可能性もあるという。われわれホモ属以外にも、アウストラロピテクス属ほかいくつかの属がかつて存在し、種レベルでは20種近い人類が地球上に現れては消えたことがわかる。人類の進化と系譜は、新たな化石人類の発見によって、今後もさらに書換えが続くのだろう（楢崎修一郎氏原図）

03

四万年前以前の居住者はいたのか

二〇〇〇年一一月五日、日本考古学を揺るがす事件が発覚しました。「前・中期旧石器遺跡捏造《ねつぞう》事件」です。それ以前、日本列島の人類史は、石器の出た地層の年代をもとに六〇万年以上前までもさかのぼるとされてきましたが、宮城県の座散乱木《ざざらぎ》や上高森《かみたかもり》など、四万年前以前の古い遺跡がでっち上げだったことが暴かれました。ある男によって四万年前以前の古い地層に、密かに本物の石器が埋め込まれて、あたかも古い遺跡であるかのように偽装されたのです。結局その男が関与した遺跡のすべては、捏造と判断されました。

その捏造事件のはるか以前より、栃木県星野遺跡、大分県早水台《そうずだい》遺跡・岩宿《いわじゅく》ゼロ文化層などから出土した資料群について、数万年から十数万年前にさかのぼる石器であるという主張が、旧石器時代研究のパイオニアである芹沢長介さんなどによって繰り返しなされてきました。しかし、これらの資料群については、地層中に含まれる礫が自然作用によってできたものであり、人工品とは認められないという研究者と対立し、いわゆる「前期旧石器論争」として議論を呼んできました。私もそれらを石器として認めない立場をとります。

これらの資料群の大きな問題は、自然礫が多量に供給される場所で出土し、加工も明瞭でないことです。石どうしがぶつかり合ってできた偽石器に出会うことは、往々にしてあることです。私もそうした大量の偽石器を、佐久市天神《てんじん》小根《おね》遺跡で見た経験があります。ここも地層中自然に珪質頁岩《けいしつけつがん》の礫がたくさん含まれ、あたかも石器のような石がゴロゴロしています。まさに「神が作った石器」としかいいようがありません。

また、四万年前をはるかにさかのぼる石器の存否は、日本列島に足を踏み入れた人類の形質の問題にも大きく影響を及ぼします。すなわち、拡散のタイムスケールから推し量ると、四万年前をはるかにさかのぼる石器をもつ人類とは、私たちホモ・サピエンス以前の人類であるものと考えざるをえません。

ホモ・サピエンス以外の人類の**計画的な航海能力***については、現時点では考えにくいので、日本列島に渡来するとしたら大陸と地続きの時期しかないでしょう。そうするとその時期は海面低下が著しく大陸と列島が陸橋でつながれた一四万年前などきわめて限定的になります。そのような状況を考えると、四万年前以前にも人類がいて、遺跡を残したと考えることには悲観的にならざるをえません。

もし、誰もが認めるような古い石器を提示するとしたら、本来その場所にある石でなく明らかに人が持ち込んだ様相を示し、加工が明瞭で、地層の年代がはっきりととらえられる条件が必要でしょう。むろんそれ以前に捏造行為などの厳しいチェックはいうまでもありません。そうした**条件を満たす遺跡***は現在のところ皆無と、私は考えています。

＊ジャワ原人などが海を渡ったことがその分布から想定されているが、舟などを準備した計画的な渡航とは到底いい難い。

＊たとえば次頁の図版で紹介する岩手県金取遺跡は、五万年前のものともされるが、その年代や地層の検討、類似例の確認など多くの課題が残っている。

❼岩宿ゼロ文化層の資料　この資料は発掘者によって石器と主張されたが、剥離が明瞭でない、形が一定でない、エッヂに鋭さがない、本来その場所に産出する石で人が持ち込んだものではない、などの点で自然石と考えられる。群馬県

❽天神小根遺跡の偽石器　地層中の珪質頁岩が自然作用で割れたもので、人工品ではない。発掘者も自然石と考えている。長野県

❾星野遺跡の文化層　図の第8〜11文化層の出土資料は6〜7万年前とされるが、自然石だろう。栃木県

03 後期旧石器時代以前の日本列島に人類はいたのか

後期旧石器時代以前の居住者はいたのかという問いかけは、すなわち私たちホモ・サピエンス以前の人類が、日本列島にいたのかという疑問と同じ意味になる。捏造された旧石器は論外だが、それ以外にも4万年前をさかのぼるとされる遺跡はある。その中には星野や岩宿ゼロなど、石器かそうでないかという議論のある資料も含まれる。いずれにせよ、現状ではすべての研究者が肯定する4万年前以前遺跡は皆無である。

❶**岩手県金取遺跡の調査**　後期旧石器時代をさかのぼるともいわれる石器が出土した。岩手県

❷**金取遺跡の石器**
5万年前ともいわれる。明らかに石器であるが、年代については検討すべき課題がある。近隣での類例の増加もほしいところである

❸**武蔵野ローム層最上部の石器**
千葉県草刈遺跡。チャートの小型剥片に加工が施してある。後期旧石器時代の石器が含まれる立川ローム層の下位から武蔵野ローム層最上部にあったとされ、南関東では最古の石器のひとつとみられる。実物大

❹**長野県竹佐中原遺跡**　後期旧石器時代をさかのぼるともされる石器が出土し、議論を呼んでいる

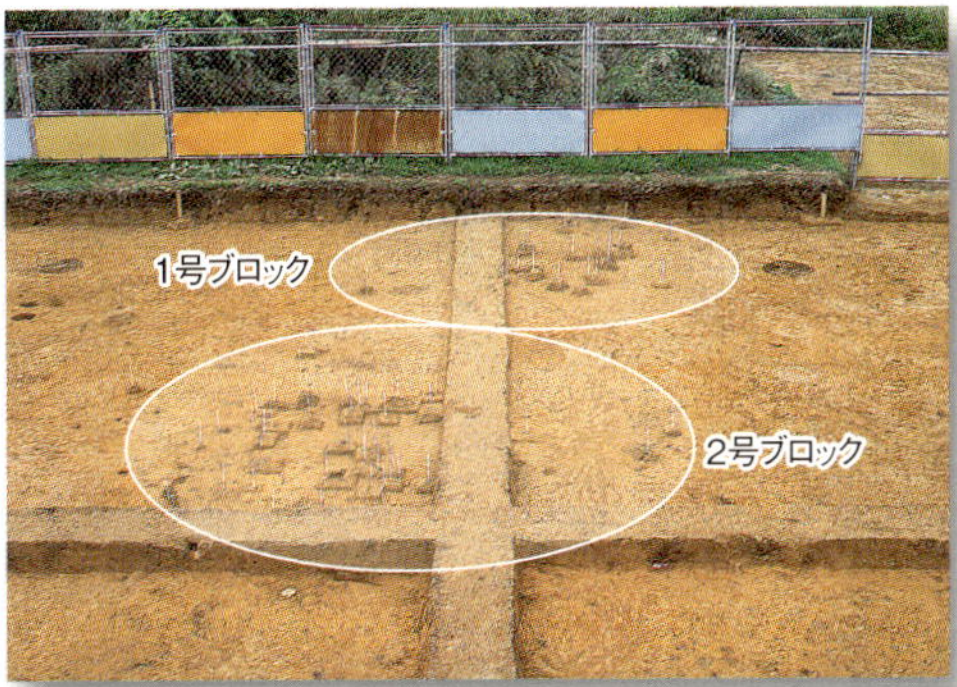

❺**竹佐中原遺跡A地点の石器ブロック**　石器がまとまって出土した地点。ブロックと呼ばれている

❻**竹佐中原遺跡の石器**　明らかな石器であり、その中には定形的なものが含まれず、古い根拠とされる。ただ石器そのものの年代や石器の含まれる地層の年代がはっきりしない

04

最古の居住者の素顔

もし旧石器人に会いたくなったら？

手っ取り早く上野の国立科学博物館に行くことです。旧石器人がにこやかに出迎えてくれるでしょう。この人物こそ、後期旧石器時代人類の研究で欠かすことのできないおよそ二万年前の港川人《みなとがわ》、沖縄本島八重瀬《やえせ》町港川の採石場から発見されたホモ・サピエンスです。

人類学者の馬場悠男博士が出土人骨をもとに、まるで生きているかのようにリアルに復元した港川人の男性は、身長一五三センチほど、肩幅は狭く上半身は華奢、逆に下半身はたくましく、手足は頑丈なようです。顔は、細長い今の私たちと比べ高さが低いようです。骨をレントゲンで写すと、病気や成長阻害によるハリス線という痕跡がみられ、生活が厳しいものであったことがうかがえます。

同じ沖縄県那覇市の山下町洞穴からは、三万六〇〇〇年前の子どもの骨が見つかり、日本最古の人骨です。いっしょに敲石《たたきいし》や礫器《れっき》などの石器といわれる資料が出土し、生活の様子を彷彿とさせます。このほか沖縄では、宮古島のピンザアブ洞穴人（約三万年前）や久米島の下地原《しもちばる》洞穴人（一万八〇〇〇年前）など貴重な旧石器人類の発見があります。

これに対し、九州・四国・本州・北海道での旧石器人骨の発見例は、確実なものでは静岡県浜北の事例のみです。浜北の下層人骨が二万一〇〇〇年前、上層人骨が一万七〇〇〇年前の年代が出ており、下層はナイフ形石器が使われた頃、上層は細石刃《さいせきじん》が使われた頃の人類ということになります。断片的な人骨で、残念ながらその顔つきはわかりません。

かつては教科書にも載った明石人骨（兵庫県）や、葛生《くずう》人骨（栃木県）、三ヶ日《みっかび》人骨（静岡県）、聖嶽《ひじりだき》人骨（大分県）は、いずれも旧石器人骨とされてきましたが、形態学的研究などによって今日では一万年前以降の新しい人骨とみられています。

今後も本州を中心とした地域での旧石器人骨の発見には困難が伴いますが、石灰岩地帯での積極的な調査がなされることで、発見の可能性が残されています。

旧石器人骨に対し、縄文人骨の発見例は数多くあります。その中には、ミトコンドリアDNAが抽出された縄文人骨が五〇個体以上あり、そのルーツをさぐる分子人類学の研究がなされています。列島にいた旧石器人を駆逐し、縄文人が他の地域から入ってきたとは考えづらく、旧石器人が縄文人になったと考えるほうが自然なので、縄文人のミトコンドリアDNAの系譜をたどれば、旧石器人がどこから来たかの手がかりが得られるかもしれません。

かつて縄文人のルーツは東南アジアにあるともされましたが、ミトコンドリアDNAをたどると朝鮮・中国・シベリアに縄文人と同様な遺伝子をもつ集団が多くいるとの見解が出されています。考古学や人類学などの最新の成果から目が離せません。

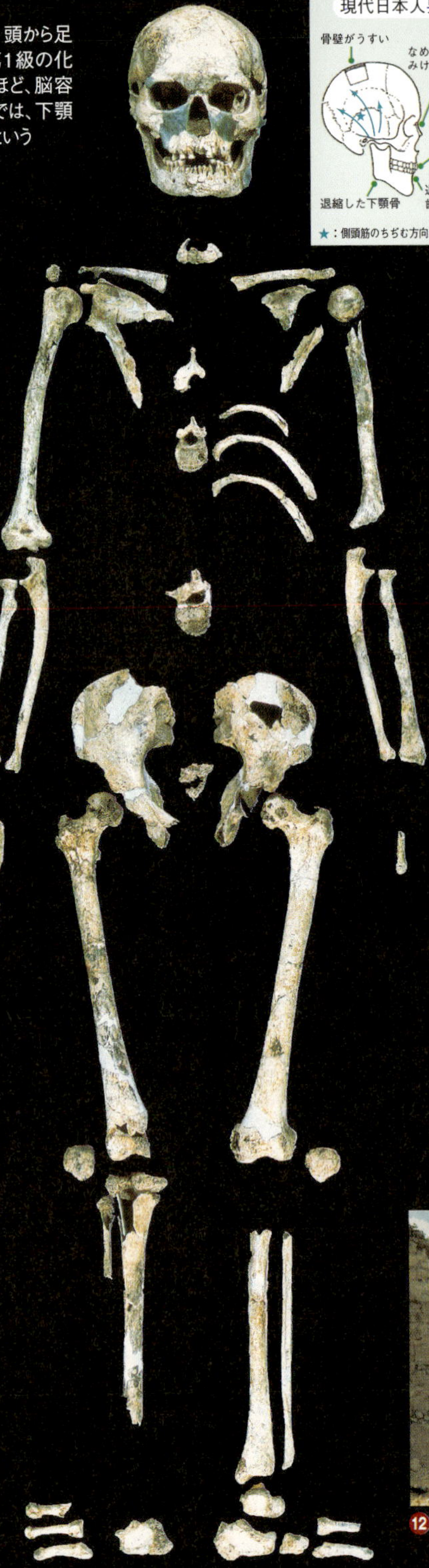

❽港川人1号男性の全身骨格　頭から足までそろっている東アジア第1級の化石人類標本。身長153cmほど、脳容量は1335ml、最新の研究では、下顎がもっとスリムに復元されるという

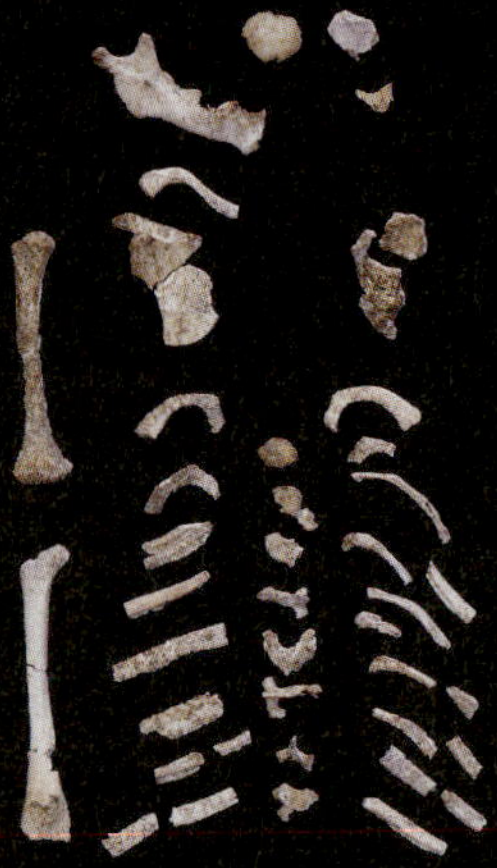

❻下地原洞穴人骨　1万8000年前のホモ・サピエンス。乳児の部分骨格。下顎骨、上腕骨、大腿骨、肋骨、脊椎骨など。沖縄県久米島

頭骨

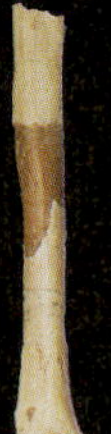

上腕骨

腸骨（腰帯の骨の一部）

❼浜北人骨　上層の1万7000年前のもの。これとは別に2万1000年前の下層人骨もある。本州唯一の旧石器時代人骨。静岡県

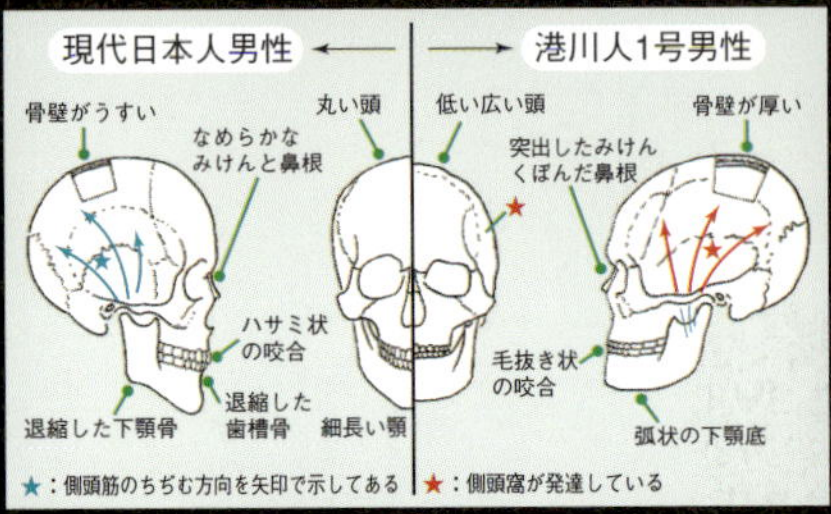

❾港川人と現代人の顔の比較

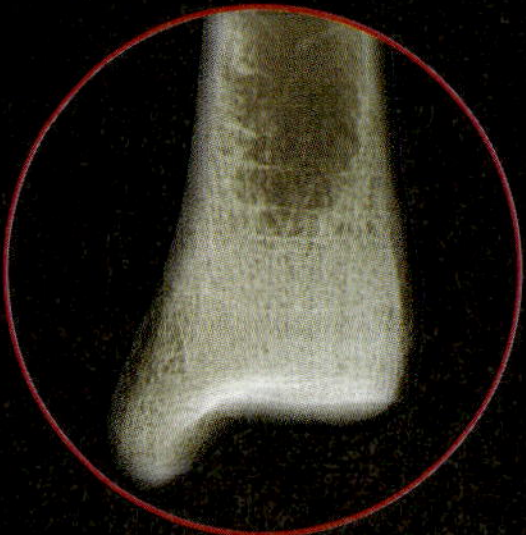

❿港川人脛骨のレントゲン写真
病気や成長阻害で生じるハリス線という横線が見え、生活は厳しいものだったらしい

⓫港川人の発見者大山盛保さん
中央。右は調査を指揮した人類学の鈴木尚博士。港川で

⓬港川フィッシャー　港川人の発見された採石場。沖縄本島八重瀬町

日本列島の旧石器時代人骨

日本列島における旧石器時代人骨の発見例はきわめて少ない。本州では、確実なものは浜北例のみである。かつては明石原人などとされた骨も、現在では新しいものとして考えられている。ローム層など酸性土壌地帯の多い本州では、旧石器人骨は消滅してしまい、発見の可能性はきわめて限られるものと考えられる。一方沖縄では、数カ所で旧石器人骨が発見されている。大規模な海面低下が起こった当時でも、沖縄と周辺大陸は陸続きにならないため、これらの旧石器人たちが舟を繰ってやってきたことがうかがえる。

1 **旧石器時代人骨出土地点**　本州では浜北のみが確実で、他は時代が新しいか人骨ではないらしい

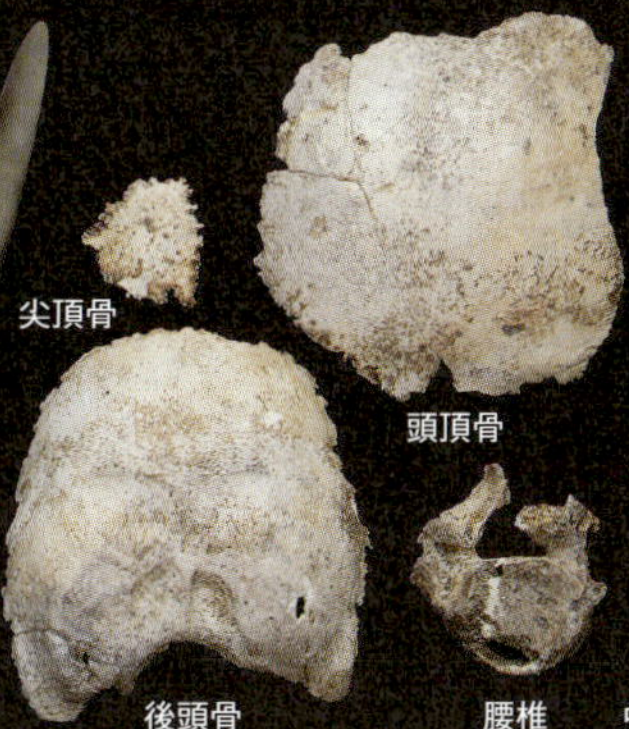

2 **ピンザアブ洞穴人骨**　約3万年前のホモ・サピエンス。大きなものは頭骨。沖縄県宮古島

3 **山下町洞穴人骨**　日本最古3万6000年前の化石人骨。6歳頃の子どもの骨

4 **よみがえった港川人**　人類の形態進化を研究する馬場悠男博士の復元でよみがえった。栄養状態がよくないためか、上半身は華奢である。約2万年前の男性

5 **山下町洞穴**　化石人骨が石器ともされる資料といっしょに出土した。沖縄県那覇市

05 氷期の森

地下三〇〇〇メートル。南極の〝ドームふじ〟では、日本の国立極地研究所のプロジェクトによる氷の深層の掘削がおこなわれ、氷の酸素同位体比から過去八〇万年におよぶ**地球環境変動の解明***が期待されています。グリーンランドや日本海海底などからもこうしたデータが得られています。

地球環境変動データは、地球上の過去七〇万年間において、寒冷な時代と温暖な時代が約一〇万年単位で交互に繰り返したことを示しています。この現象はミランコヴィッチ・サイクルと呼ばれ、地軸の傾きや地球の公転運動などと関係するとみられています。

四万～一・五万年前にあたる後期旧石器時代は、やや寒冷な酸素同位体ステージ3（五・九～二・八万年前）の後半と、寒冷な酸素同位体ステージ2（二・八万～一・一五万年前）の氷河期に該当します。ちなみに現在はそのあとの温暖なステージ1です。

この時代、蒸発した海水が氷河となったりしたため、寒冷なステージ2の二・八万年前以降には、最大で一四〇メートル、最小でも八〇メートルという大規模な海面低下が起こりま

*酸素同位体比による地球環境変動の解明
南極や北極にある過去の氷の酸素原子の同位体比には当時の気候が反映されており、それを調べることで古気候を解明することができる。その酸素同位体比に基づいて、古気候はステージ区分がなされ、奇数が温暖なステージを、偶数が寒冷なステージを表している。

した。一四〇メートルの海面低下が起きていた場合、日本は北で宗谷海峡と津軽海峡が、南で対馬海峡が陸化し、大陸とつながったことが推定されます。また一〇〇メートル前後の海面低下でも、それぞれの海峡幅はかなり狭まったらしく、大陸と日本列島、北海道・九州と本州とのヒトの往来を可能としたようです。

氷期の寒冷な気候を物語る証拠が、列島各地からみつかっています。「地底の森」と呼ばれる仙台市富沢遺跡からは、二万五〇〇〇年前の一〇〇本を超す樹木が発見され、トウヒ属を主にモミ属、カラマツ属などの針葉樹で構成されていました。広葉樹はわずかにハンノキ属が混ざる程度です。現在こうした植生は仙台のはるか北、サハリン南部にみられるもので、現在より七〜八度気温が低い寒冷な環境を物語っています。花粉分析の結果からは、コケモモやクロマメノキなどベリー類もあったようです。

関東地方では、武蔵野台地にある野川中洲北《のがわなかすきた》遺跡の泥炭層（二・六〜二・二万年前）の発掘から、トウヒ属がおよそ六割、モミ属二割がみられる亜寒帯針葉樹林が展開していたことが推定されています。

西日本では、兵庫県板井寺ケ谷遺跡で発見された植物化石や花粉などからは、寒冷な酸素同位体ステージ2の植生として、低地ではイネ科、ワレモコウ属、ヨモギ属などがあり、山地ではコナラ亜属を主とする落葉広葉樹は減少して、モミ属、トウヒ属、マツ属などの針葉樹が優先する植生が復元されています。常緑広葉樹林が広がる現在の西日本の森とはかけ離れた寒冷な景観だったようです。

6 富沢から発掘された植物

7 富沢の昆虫化石と現生標本　いずれも2万5000年前のもので氷期の水辺の環境を物語る昆虫である

8 現れた2万5000年前の森　富沢遺跡で発掘された樹木の根。宮城県仙台市

9 富沢遺跡のフン　2万5000年前のもので大きさからシカのものといわれる

10 2万5000年前の富沢によく似た風景　北海道浮島湿原

05 寒冷な後期旧石器時代の環境

後期旧石器時代は、縄文時代から現在までつづく温暖な完新世の前段階にあたる更新世で、きわめて寒冷な氷期であった。グリーンランドや南極ではアイスコアの掘削により過去の気候復元が詳細になされ、後期旧石器時代の気候変動の様子がわかっている。氷期の寒冷な環境は、列島各地で発見されている植物化石や花粉分析からもうかがえる。およそ2万年前には100mを超すといわれる大規模な海面低下が地球上で起きていた。

❶ **南極ドームふじ基地** 国立極地研究所が南極の氷を3000m以上にわたって掘削し、80万年前にさかのぼる環境データを得る"ドームふじ"のプロジェクト

❷ **アイスコア** 掘削された氷のコア。過去の環境変動の記録が詰まっている

❸ **最終氷期最寒冷期の植生と海岸線**

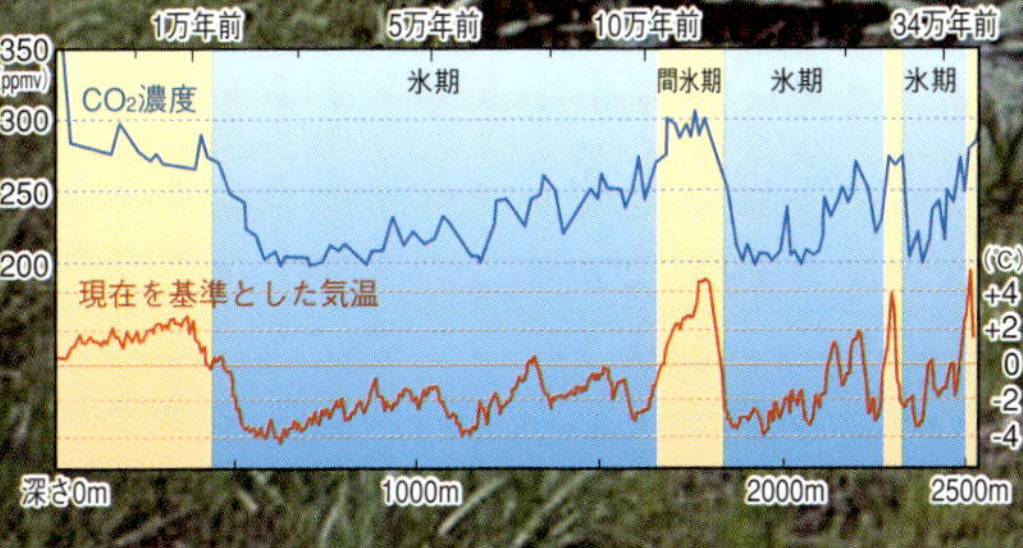

❹ **気候変動** 第1期ドームふじ計画で掘削した2503mのコア解析から、過去32万年間の気温と二酸化炭素濃度の変動が明らかになった。後期旧石器時代後半にあたる3万から1万年前まではきわめて寒冷な気候であったことがうかがえる。また、現在の二酸化炭素は過去に例がないほど上昇していることがわかる

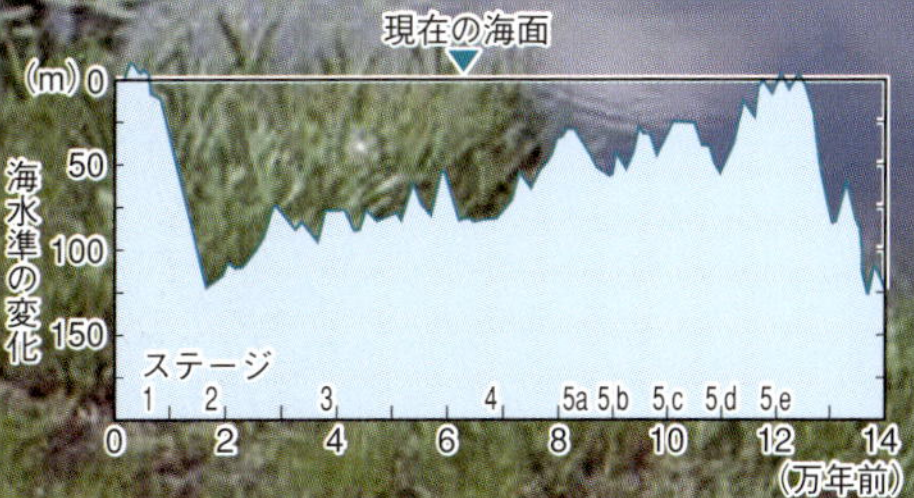

❺ **過去14万年の海面変化** 2万年を前後する頃、100m以上の海面低下が起きた

06 後期旧石器時代の動物たち

氷漬けで眠るマンモスに私が出合ったのは東京お台場のフジテレビ。静かにその眼を閉じたのはつい昨日であるかのようにリアルでしたが、実際は二万二〇〇〇年前の年代を示していました。発掘されたのは一九九七年、シベリアのサハ共和国。ユカギールマンモスの名が付けられた標本で、日本にわざわざ運ばれてきて、公開されたときのものです。氷期を代表する動物といえばマンモスが思い浮かびますが、日本では北海道では確認されているものの、本州では見つかっていません。

マンモスやヘラジカ、バイソンなどを含むマンモス動物群は、寒冷な環境に適応した北方系の動物群です。ヘラジカは岐阜県熊石洞でも見つかり、本州まで南下したことがうかがえます。北海道でのマンモスの絶滅は一万七〇〇〇年前の出来事であったようです。

一方、本州で確認されているナウマンゾウやオオツノジカは温帯的な要素が強く、中国東部に棲息した動物群が日本列島に渡ってきたもので、両者は温暖な頃には北海道まで渡ったようです。ちなみに野尻湖で見つかっているナウマンゾウやオオツノジカは五～

四万年前のものです。古生物学の高橋啓一博士によると、ナウマンゾウは**較正《こうせい》した年代***で二万八、九〇〇〇年前頃には大方絶滅したといいますから、後期旧石器時代の後半期にはナウマンゾウが大地を歩く姿は見られなくなったのでしょうか。

　このように氷期の日本列島には、北方系のマンモス動物群とナウマンゾウなど温帯的な要素をもつ動物群が向き合い、時には入り混じったことも考えられます。しかし、後期旧石器時代後半期以降には、そうした大型哺乳類が絶滅してしまった可能性が高いかもしれません。

　絶滅の原因としては、過剰狩猟《オーバーキル》説と環境変動説がありますが、当時の日本列島内の人口密度などから考えても、絶滅するほど狩り尽くした過剰狩猟は考えがたい面もあります。環境変動説は、長い氷期が終息し、温暖化が進行する中で、気候変動に適応できなくなった大型獣が絶滅していったという見方です。

　たった今こぼれ落ちたかのような生々しいフンが、ナイフ形石器などと同じおよそ二万五〇〇〇年前の地層から見つかりました。場所は仙台市富沢遺跡。どうやらシカ類の落し物のようです。また、神奈川県の吉岡遺跡群C地区からは、旧石器時代の焼けた礫群とともにイノシシの乳歯が出土しています。後期旧石器時代後半には、シカやイノシシなどが狩猟対象となっていたことをうかがわせます。

　シカやイノシシといえば、縄文人たちの狩りの主要な獲物でもあるわけですから、大型哺乳類が絶滅した後期旧石器時代後半期以降、現在と同様なシカやイノシシなどを含む動物相が形成されていったものと考えられます。

***較正年代**
　放射性炭素年代で生じた誤差を、年輪年代やその他の信頼のおける年代のものさしで修正し、より実年代に近づけたもの。
　本書はすべてこの較正年代で表記している。

❼氷期の大型哺乳類　寒冷化によって、北方系のマンモスやヘラジカ等の動物群は南下し、温暖化によって南方系のナウマンゾウやオオツノジカ動物群は北上したようだ

❻ヘラジカ　現生のもので、更新世と同一種と考えられる

❽北海道夕張産のマンモス臼歯　およそ1万7000年前のもの。日本では一番新しいマンモスの年代値を示す

❾復元されたマンモス　発見場所にちなんで命名された"チレフチャフ・マンモス"は体長5.25m、体高3m、体毛に覆われた約3万年前のマンモス

06 絶滅した大型哺乳類

後期旧石器時代は寒冷な氷河期で、今では絶滅した大型の哺乳類が日本列島に生息していた。そのうちナウマンゾウやオオツノジカなどは、朝鮮半島経由で渡来してきた南方系の動物群であり、マンモスやヘラジカなどは北方系の動物群である。ナウマンゾウなどは約2万年前頃には絶滅し、マンモスも1万7000年前には絶滅したようだ。人間の過剰狩猟（オーバー・キル）が絶滅の原因だとする見解があるが、他方で環境変動による絶滅説もあり、よくわかっていない。

❸発掘されたナウマンゾウの骨と牙
大分県代ノ原。約4万1000年前のもの

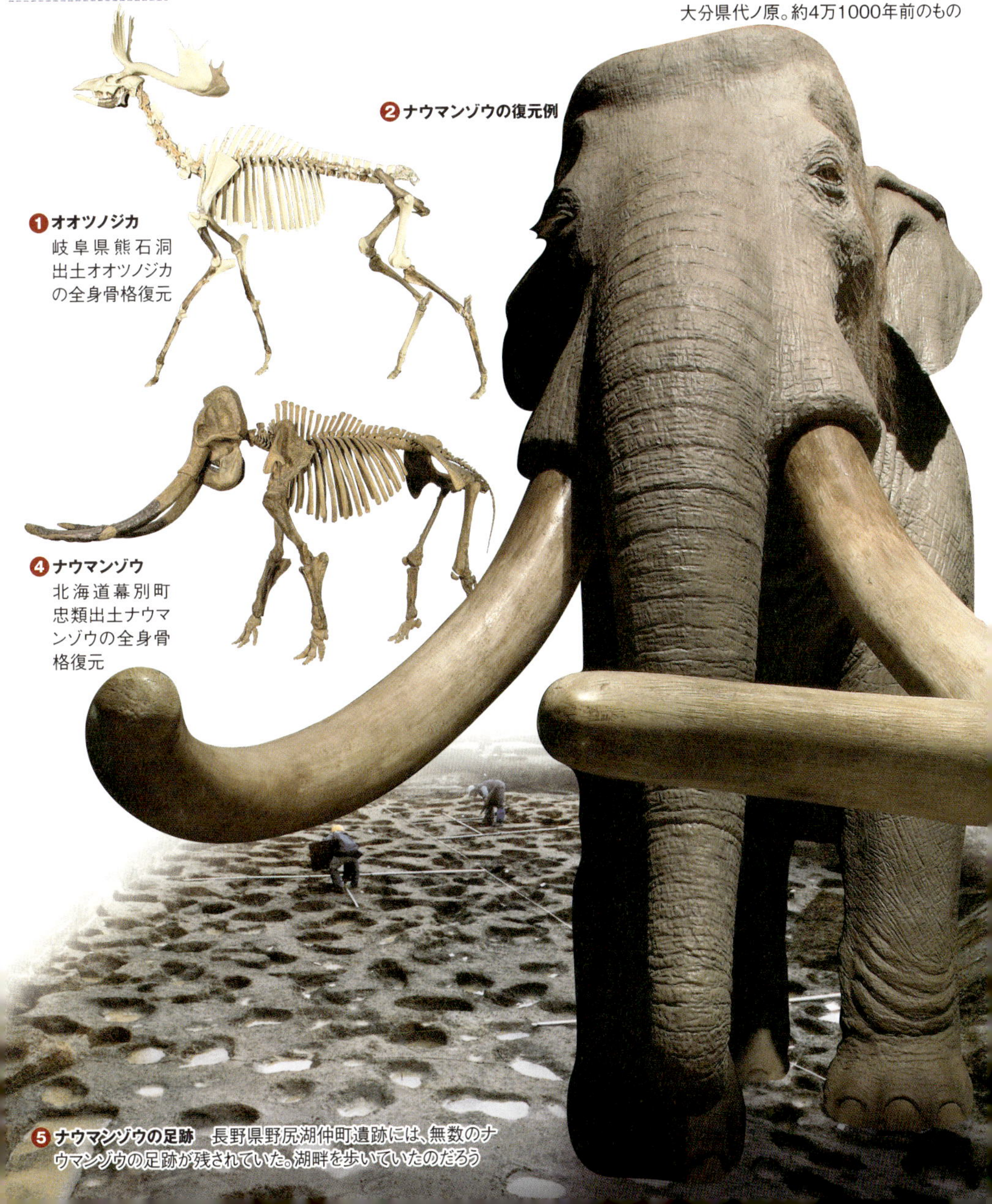

❶オオツノジカ
岐阜県熊石洞出土オオツノジカの全身骨格復元

❷ナウマンゾウの復元例

❹ナウマンゾウ
北海道幕別町忠類出土ナウマンゾウの全身骨格復元

❺ナウマンゾウの足跡 長野県野尻湖仲町遺跡には、無数のナウマンゾウの足跡が残されていた。湖畔を歩いていたのだろう

07

旧石器遺跡を掘る

エジプトで王家の谷を掘る。イースター島でモアイ像を調べる。藤ノ木古墳で黄金に輝く鞍金具《くらかなぐ》を掘る。いずれもロマンに満ちた考古学的行為です。しかし、旧石器遺跡を掘る場合、発見の期待より、まずは忍耐力が要求されるでしょう。

発掘に従事するアルバイトのみなさんには、不可思議な土器や土偶などの出る縄文遺跡の発掘は人気です。しかし、旧石器の発掘現場に回されるとぼやきが始まります。ローム層を削っても、出てくるのは石のカケラと礫ばかりで、つまらないからです。

ここにこの時代を掘る特質があります。たいていの旧石器遺跡の発掘は一万年以上前の赤土、すなわちローム層を移植ゴテなどでていねいに削ることから始まりますが、木や骨などを溶かしやすい酸性土壌のローム層では、有機質遺物が残されているのはまれで、あるのは石器や小さな木炭ばかりです。竪穴住居などが見つかることはほとんどありません。テント状の簡単なイエを作っていたから、その痕跡が残りにくいのでしょう。

遺跡を掘り進めると、旧石器が一定の範囲からまとまって出土します。これは「石器ブロック」とか「ユニット」とか呼ばれ、意味のある場所と考えられています。石器作りの跡であったり、イエの跡、石器を使用した場所、石器を捨てた場所などさまざまです。

発掘では、石器の出土位置を正確に記録し、分布の広がり、どの地層から出たか、年代の決め手となる火山灰との関係など、細かい点がチェックされます。たとえば、鹿児島湾北部の姶良《あいら》カルデラの噴火によって本州全域に降下した姶良Tn火山灰は、二万九〇〇〇年前という較正年代が出されているため、石器がこれより上に出るとその年代より新しく、下に出ると古いものであることがわかります。

また、握り拳ほどの大きさの礫がまとまって出土することが多くあります。これは礫群と呼ばれ、赤く焼け焦げて割れていたり、タール状のものが付着していたりすることから、火にくべられ、調理に使ったという説が有力です。ときおりみられる炭化物も火の使用を裏付ける重要な証拠です。炉とみられる土が焼けた場所もあります。

オセアニアの先住民などはこうした礫をつかって、肉や魚、芋などの石蒸し料理をしていますが、こうした民族例から同じような使用法が礫群に想定されています。

旧石器遺跡の発掘では、泥炭層などから、樹木や植物が発見されることがあります。こうした植物化石は、当時の植生を復元するうえで重要な証拠となります。

富士山の火山灰などが降下した神奈川県の相模野台地では、後期旧石器時代の二万五〇〇〇年間に四メートルものローム層が堆積しました。分厚い分、掘り抜くのには膨大な時間がかかりますが、古い順から整然と石器が発見され、旧石器編年には絶好のフィールドです。

❼旧石器遺跡を掘る　北海道ピリカ遺跡

❽歯ブラシ　石器についた泥を水洗いでていねいに落とす

❾石器断面の型どり　マコと呼ばれる器具で石器の断面形を型どり、図に書き込む

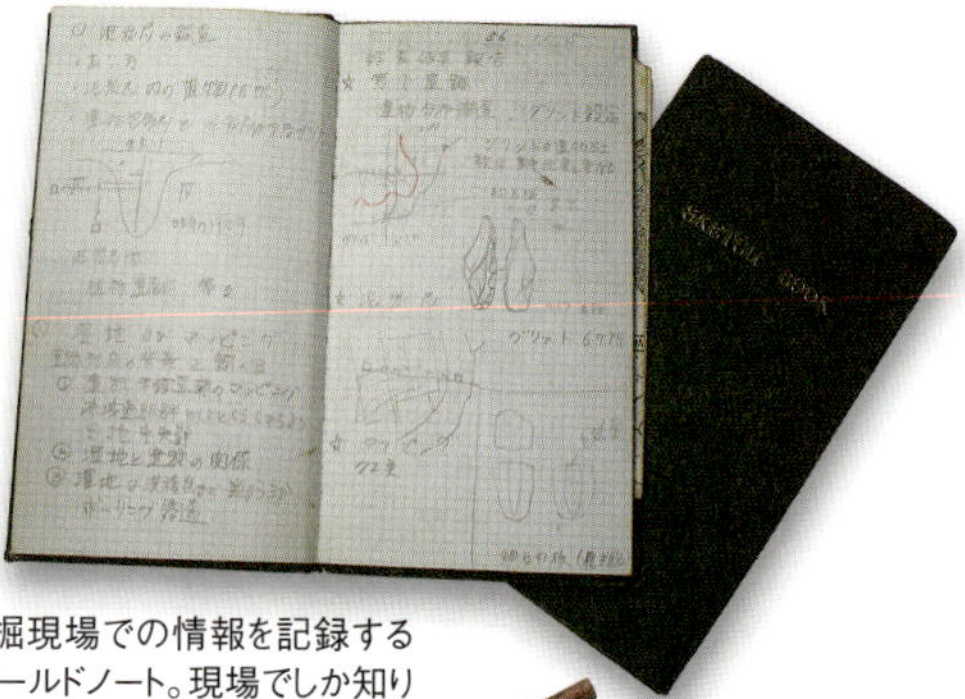

⓫野帳　発掘現場での情報を記録するためのフィールドノート。現場でしか知りえない情報をできるかぎり細かく書き残しておく。スケッチなども書き込む

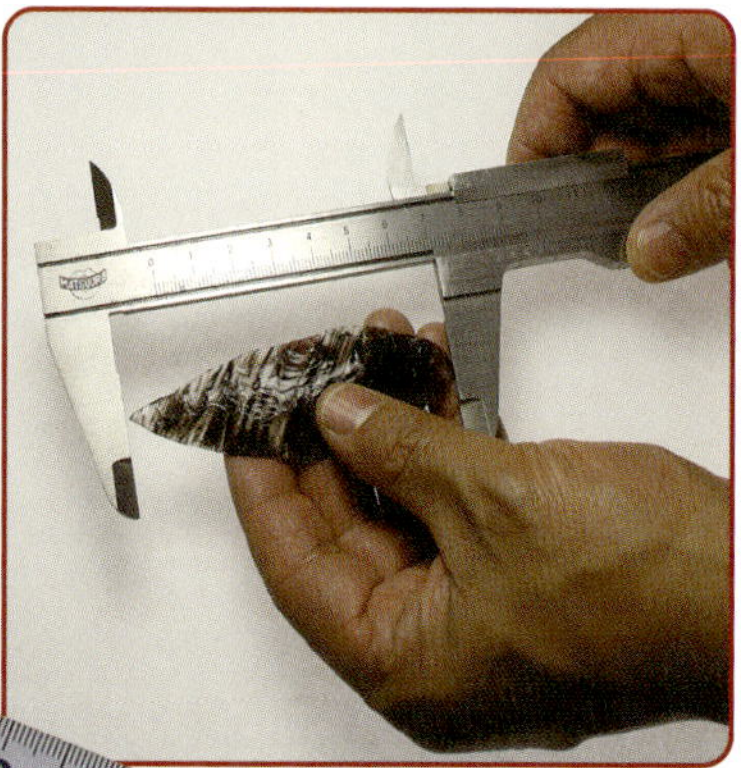

❿石器の計測　ノギスを使い石器を傷つけないように慎重に計測する

⓬面相筆　石器に出土ナンバーを小さく書き込むための筆

⓭ポスターカラー　石器に面相筆で出土ナンバーを白で書き込み、落ちないよう上からニスをかける

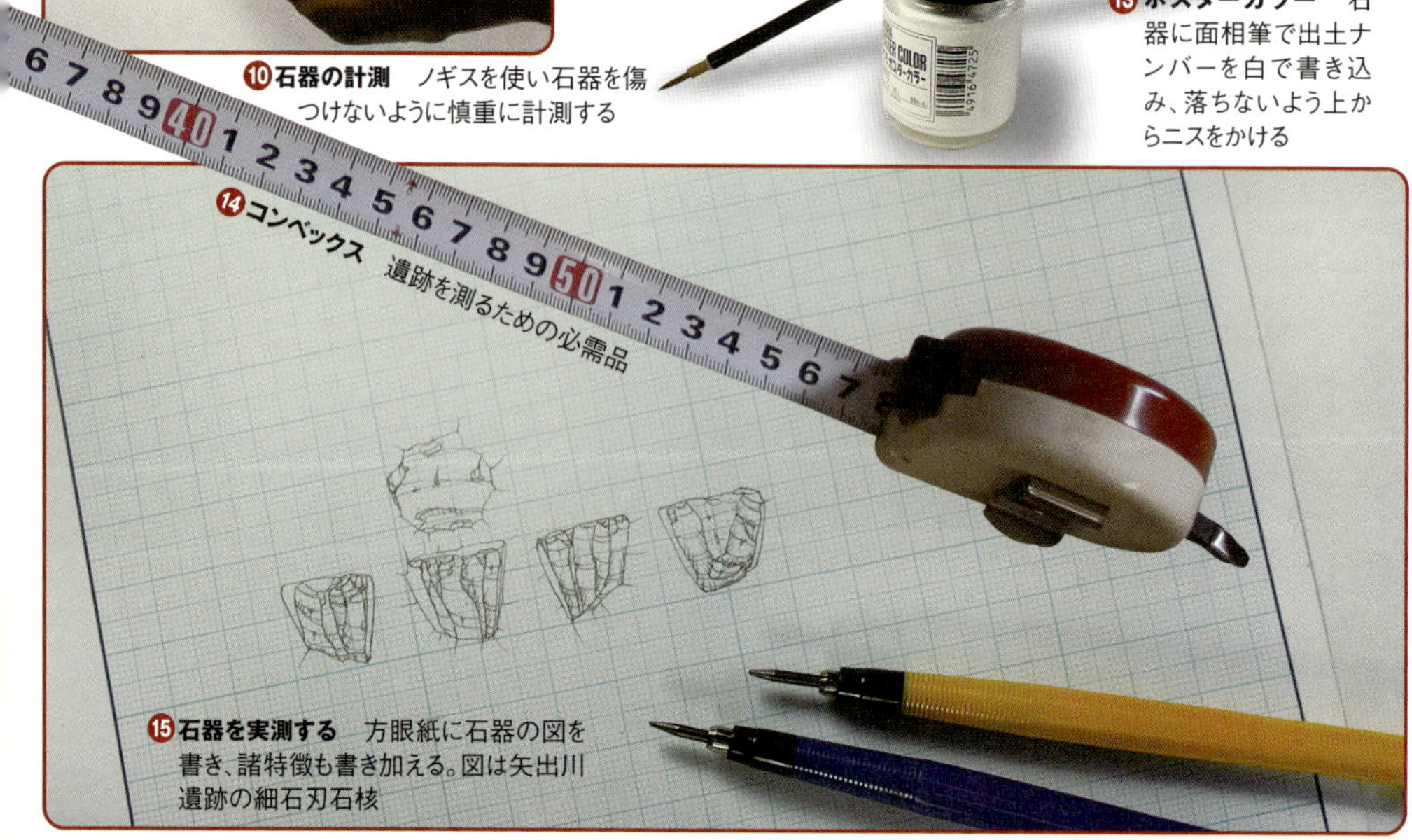

⓮コンベックス　遺跡を測るための必需品

⓯石器を実測する　方眼紙に石器の図を書き、諸特徴も書き加える。図は矢出川遺跡の細石刃石核

07 旧石器遺跡を掘り、記録する

旧石器遺跡の発掘調査はていねいに石器を掘り出し、出土状態を写真で写し、出土位置や地層を記録して、一点一点石器を取り上げる。室内では、石器の泥をやさしくブラシで洗い落とし、筆で出土ナンバーを書き込む。その後は計測や観察、図化・撮影をおこない、発掘報告書に仕上げる。

❶石器の出土位置を記録する　トータルステーションという測量機器を用いる。大阪府翠鳥園遺跡

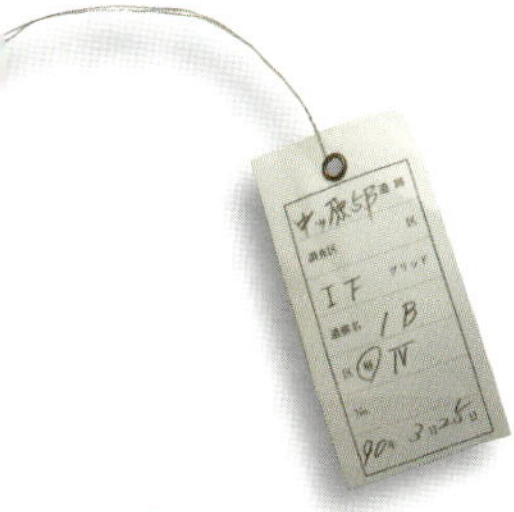

❷ラベル　石器の位置や番号などを書き込む

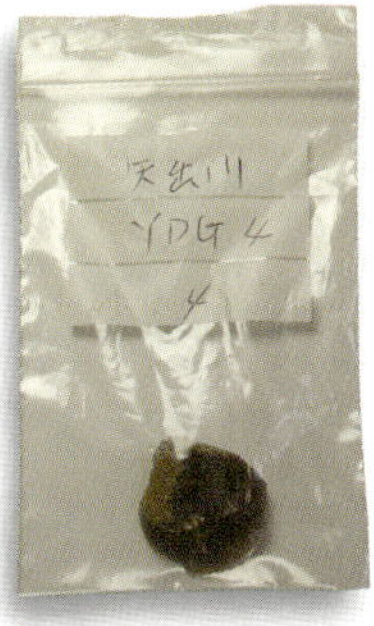

❸ポリ袋　石器をひとつずつ収納し、出土情報などを記入

❹クシ　石器の出土地点に1本1本立て目印とする。これも発掘調査の必需品

❺移植ゴテ　石器を掘り出すなど、発掘調査の必需品。使い込んだもの

❻赤土から石器を掘り出す　竹ベラを使って慎重に黒曜石製石器を掘る。原産地のためきわめて多量な石器が残される。北海道白滝遺跡群

08

狩猟《ハンター》・採集民《ギャザラー》の道具

たとえば目の前にポルシェが止まったとします。カーマニアなら〝一九八三年型ヨーロッパ仕様〟などとその車種を言い当てることができるかもしれません。同様に旧石器も、カタログに照らしていつの時期にどの地域で使われたかを推定できます。それは旧石器が決して適当に作られている訳ではなく、一定の製作手順を踏み地域や集団の定形スタイルに仕上げられているためです。型式学が成り立つのはこうした「きまり」があるからです。

考古学者は、石器の製作手順や形態に基づいて石器を分類し、名前を付けます。「技術形態学」と呼ばれる分類法です。一万年以上後の私たちが石器に名前を付けるので、当然当事者である旧石器人の道具の認識とは異なっていることも考えられます。技術形態学的分類による日本列島の旧石器の代表選手というと、ナイフ形石器・尖頭器《せんとうき》・細石刃《さいせきじん》などです。

石器の技術形態分類とは別に、どう使われたかという機能分類＝「機能形態学」もあります。そこでは石器は狩猟具と加工具に大別でき、加工具は工作具と調理具などに分けられます。時代や状況に応じた石器の組合せは「石器組成」とか「石器装備《トゥール・キット》」と呼ばれます。

石器の種類

器　種	形態や加工技術の特徴	推定される用途
◎**剥片石器**（礫や石核から打ち欠いた薄い破片＝剥片を素材とした石器の総称）		
台形様石器《だいけいよう》	台形やペン先形に加工される。裏面に平坦な加工がしばしばなされる。後期旧石器時代初頭に特徴的な石器	突き刺す、切る
ナイフ形石器	剥片の鋭い縁辺を一部に残し、側縁に急斜度な加工（ブランティング）を施した石器。広郷型（北海道）・東山型（東北）・杉久保型（東北・北陸）・茂呂型（中部・関東）・国府型（近畿・瀬戸内）など、地域によって多様な型式に分類される	突き刺す、切る
角錐状《かくすいじょう》石器	厚手で角錐状に仕上げられた石器	突き刺す？　削る？
尖頭器《せんとうき》	二次加工によって尖頭部を作り出した石器。槍先形尖頭器の別称もある。木葉形、柳葉形に細別される場合もある	突き刺す、切る
有樋尖頭器《ゆうひせんとうき》	先端からの樋状の加工をもつ尖頭器。男女倉型・東内野型などがある	突き刺す、切る
剥片尖頭器	剥片の基部と先端部を加工した尖頭器。九州に分布	突き刺す
台形石器	台形状に加工した小型石器。九州の後期旧石器時代後半に特徴的に存在し、初頭の台形様石器とは異なる	突き刺す、切る
細石刃《さいせきじん》	カミソリの刃のような小型石器。複数を連続して軸（植刃器）に埋めた複合石器	突き刺す、切る
掻《そう》　器《き》	先端に二次加工で円形の刃を作りだした石器	掻きとる、なめす
削《さっ》　器《き》	縁辺に二次加工で刃を設けた石器	削る
彫刻刀形石器	先端からの樋状剥離によって彫刻刀状の刃が付けられた石器。荒屋型、上ケ屋型、ホロカ型などの型式がある	削る、溝を彫る
錐状《きりじょう》石器	二次加工によって錐状に先端を尖らせた石器	穴を開ける
剥《はく》　片《へん》	石核から剥がされた二次加工前の素材。加工をせずそのまま用いられる場合もある	素材。切る、削る
◎**礫石器**（礫そのものを素材とする石器）		
打製石斧《せきふ》	二次加工で斧形に整形した石器（剥片素材もあり）	打ち割る
局部磨製石斧	二次加工で斧形に整形したのち、刃を研ぎだした石器（剥片素材もあり）	打ち割る、なめす
礫《れっ》　器《き》	原石を打ち欠き、刃をつけた石器。片刃礫器・両刃礫器がある	打ち割る
磨《すり》　石《いし》	対象物を磨り潰したり、こそげ落としたりする石器	すりつぶす、こそぐ
敲《たたき》　石《いし》	石のハンマー	打ち割る
台《だい》　石《いし》	物を加工する際の台にする石器	台にする
石《いし》　皿《ざら》	すり潰しの際の受け皿	すり潰しの受け
砥《と》　石《いし》	石斧の刃や骨角器を研ぐ石器	研ぐ

❾**荒屋型彫刻刀形石器の使用法**　直角に近い石器側縁部の刃を用い、骨角を削るのに用いられた。また、一部は皮なめしにも使われたらしい。複製

❿**シベリアの植刃器**　リストベンカ遺跡。細石刃が埋め込まれたままの貴重な実例

⓭**細石刃**　カミソリの刃ほどの小型石器。組み合わせて使われた。長野県矢出川遺跡

⓮**国府型ナイフ形石器**　一側縁のみに急斜度加工がなされる。大阪府翠鳥園遺跡

⓫**有樋尖頭器**　先端の左側に面的な剥離がなされる。高原山産黒曜石を使用。栃木県上林遺跡

⓬**衝撃剥離**　ナイフ形石器の先端が、対象物に刺さったときについた溝状の剥離。この石器がモノを突き刺すのに使われたことがわかる。神奈川県栗原中丸遺跡

⓯**並んで出土した工具類**　扁平な台石のまわりに、敲石・磨石・石核などが並んで出土した。柏ケ谷長ヲサ遺跡

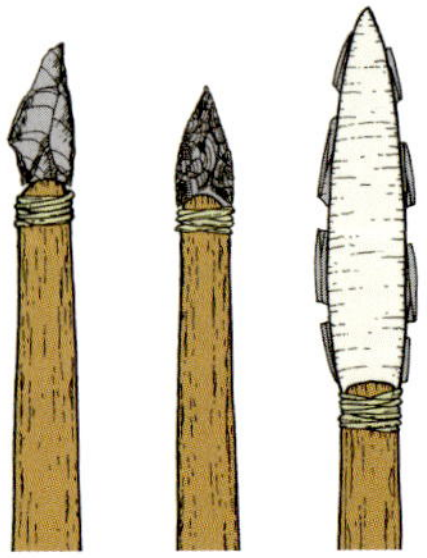

⓰**石器の装着復元例**　左からナイフ形石器、尖頭器、細石刃

⓱**杉久保型ナイフ形石器**　石刃を用い先端と基部に加工がなされる。新潟県上ノ平遺跡

⓲**茂呂型ナイフ形石器**　二側縁に加工がなされる。埼玉県砂川遺跡。国重要文化財

08 旧石器人の道具箱

旧石器人の道具箱には、各種の石器が収められていた。それらは時空間によって顔付きの異なりをみせる。さまざまな名前が付けられている石器だが、それはあくまで研究者の分類名称である点を注意すべきである。たとえばナイフ形石器といわれる石器では、ナイフでなはく実際はヤリ先に使われたものもある。狩猟具・加工具・調理具など用途別の分類もある。

❸ **荒屋型彫刻刀形石器** 上端から左肩にかけて彫刻刀のような刃が付けられる。珪質頁岩製。新潟県荒屋遺跡

❶ **尖頭器** 和田峠産黒曜石を使用。神子柴遺跡出土で、旧石器時代終末から縄文草創期にかけての石器

❷ **尖頭器の使用法** むろんヤリ先に使われた尖頭器もあっただろうが、神子柴での使用痕分析からは切削に用いられた尖頭器があった。石器は長野県小鍛治原遺跡のもの

❻ **削器の使用法** 石器に刃をつけ、削りに用いられた。石器は複製

❺ **削器** チャート製。左側縁に直線的な刃が付けられている。中ッ原5B地点遺跡

❹ **錐状石器** 先端の尖ったドリル。長野県中ッ原5B地点遺跡

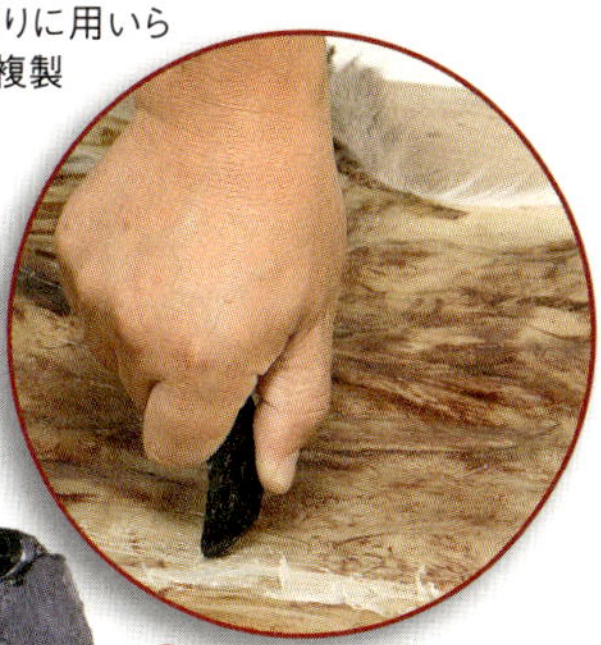

❽ **掻器の使用法** 円形の刃部を使い皮をなめした。石器は複製

❼ **掻器** 円形の刃をもつ。神奈川県柏ケ谷長ヲサ遺跡。箱根の黒曜石を用いていた

09

石器をつくる技

ねらいを定め、川原石のハンマーを黒曜石に打ちおろします。「パシッ」と音がして、鋭いカケラが剝がれ落ちます。石器の材料となる剝片《はくへん》です。このカケラをもとに、ナイフ形石器や尖頭器、掻器などさまざまな旧石器の道具が作られます。

石器作りには、次の三つの方法が知られています。

直接打法：敲石《ハンマー》の直接的な打撃で素材を剝ぐ剝離法。川原石などの硬質《ハード》ハンマーを用いる場合、鹿角や木など弾力性をもつ軟質《ソフト》ハンマーを用いる場合があります。

間接打法：石器にパンチ（タガネ）をあてがい、パンチの上をハンマーで打って間接的に打撃をする剝離法。打撃点がぶれずに固定され、剝離の角度が調整しやすい点で、規格性のある石刃を連続的に剝がすのに有効であると製作実験では証明されています。ただ、旧石器遺跡からはパンチの出土例がなく、本来この技術が存在したどうかは未知数です。

押圧剝離《おうあつはくり》：押圧剝離具（鹿角の先端など）を石器に押し付けて力を加え、剝離をおこなう方法。薄く奥行きのある剝片が剝がれます。小形で細長い細石刃を大量に剝離するのには、この方法が最も有効であり、黒曜石など貴重な石材資源を無駄なく有効に活用することができたと考えられます。

この三つの方法以外に、次のような製作法があります。

研磨：後期旧石器時代初頭の石斧の刃は、研磨によって磨き込まれています。研磨のための砥石も出土しています。つまり研磨技術そのものはこの時代のはじめから存在しますが、石斧以外で研磨された旧石器はありません。石器以外では、玉類など装飾品や、花泉遺跡の骨角器の先にも研磨の痕跡がみられます。

敲打《こうだ》：ペッキングといい、コツコツと叩いて石器の整形をおこなう方法。大分県岩戸《いわと》遺跡の「コケシ」の愛称がある後期旧石器時代の岩偶は、この方法によって作られています。

加熱処理：石材に熱をくわえ剝離をしやすくする方法。たとえば頁岩《けつがん》や玉髄《ぎょくずい》などの石は加熱によって、その後の細部加工がスムーズにできることが実験から証明されています。実際、岩手県の縄文前期から晩期の玉髄製石器で加熱処理による剝離がなされたことが、その表面変化から観察されています。ただ、旧石器での処理例はこれまで確認されていません。

石器に残る物理的痕跡：水面に石を投げ込むと、波紋が同心円状にひろがるように、石器も打ち欠いた打撃点を中心にリングという環が広がり、放射状のフィッシャーが走ります。こうした物理的痕跡により石器の打撃点を復元したり、その連続性を観察して、打ち欠きの順序を調べます。また、打撃点周辺の特徴から、打ち欠きに使われた道具が、木などの軟質ハンマーであったか、石などの硬質ハンマーであったかがわかる場合があります。

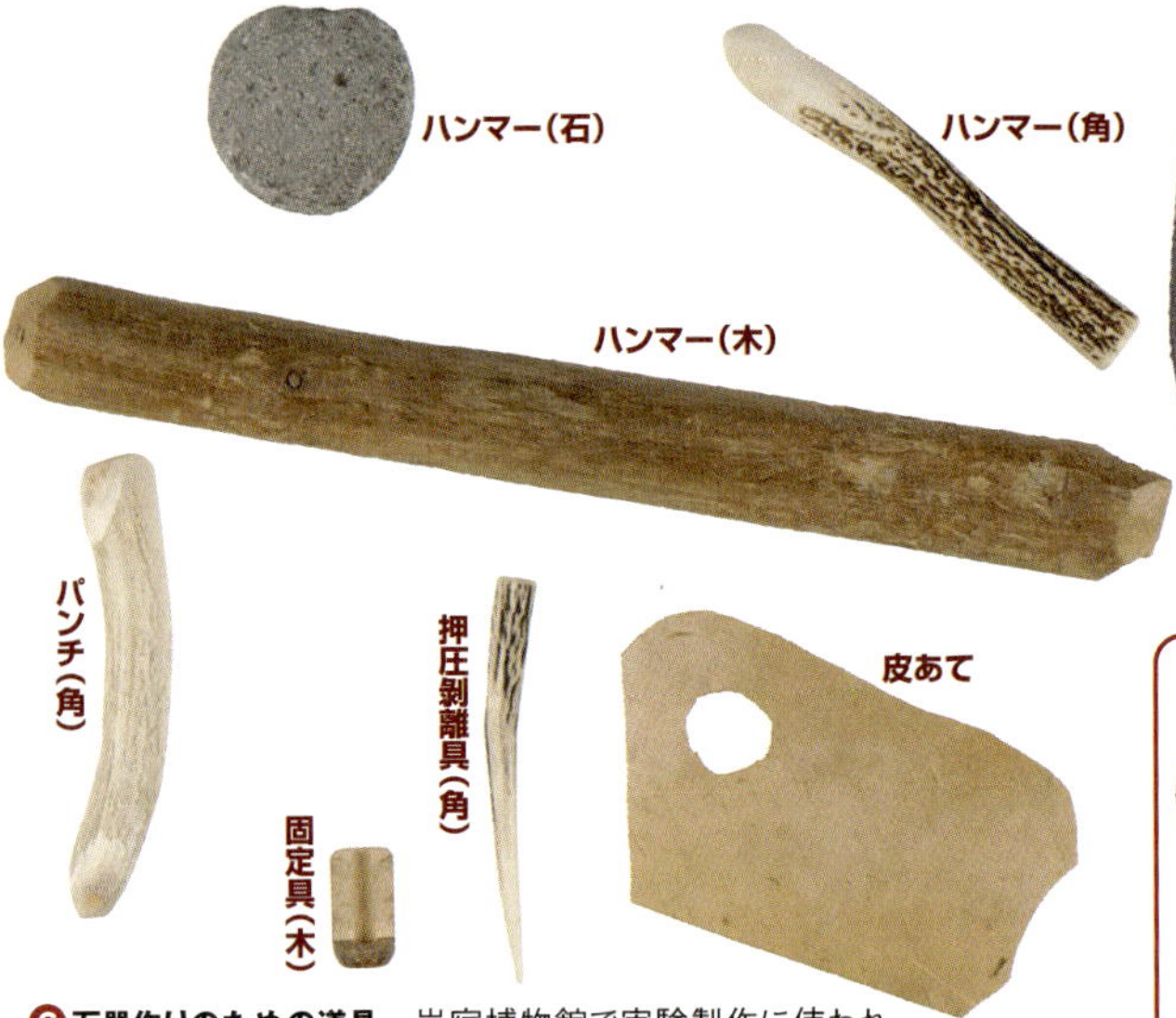

❻**石器作りのための道具**　岩宿博物館で実験製作に使われているもの。石のほか、木や角の素材も使われる

❼**ハンマー**　神奈川県柏ケ谷長ヲサ遺跡から発掘された旧石器のハンマー(敲石)。卵ほどの大きさ。2万7000年前

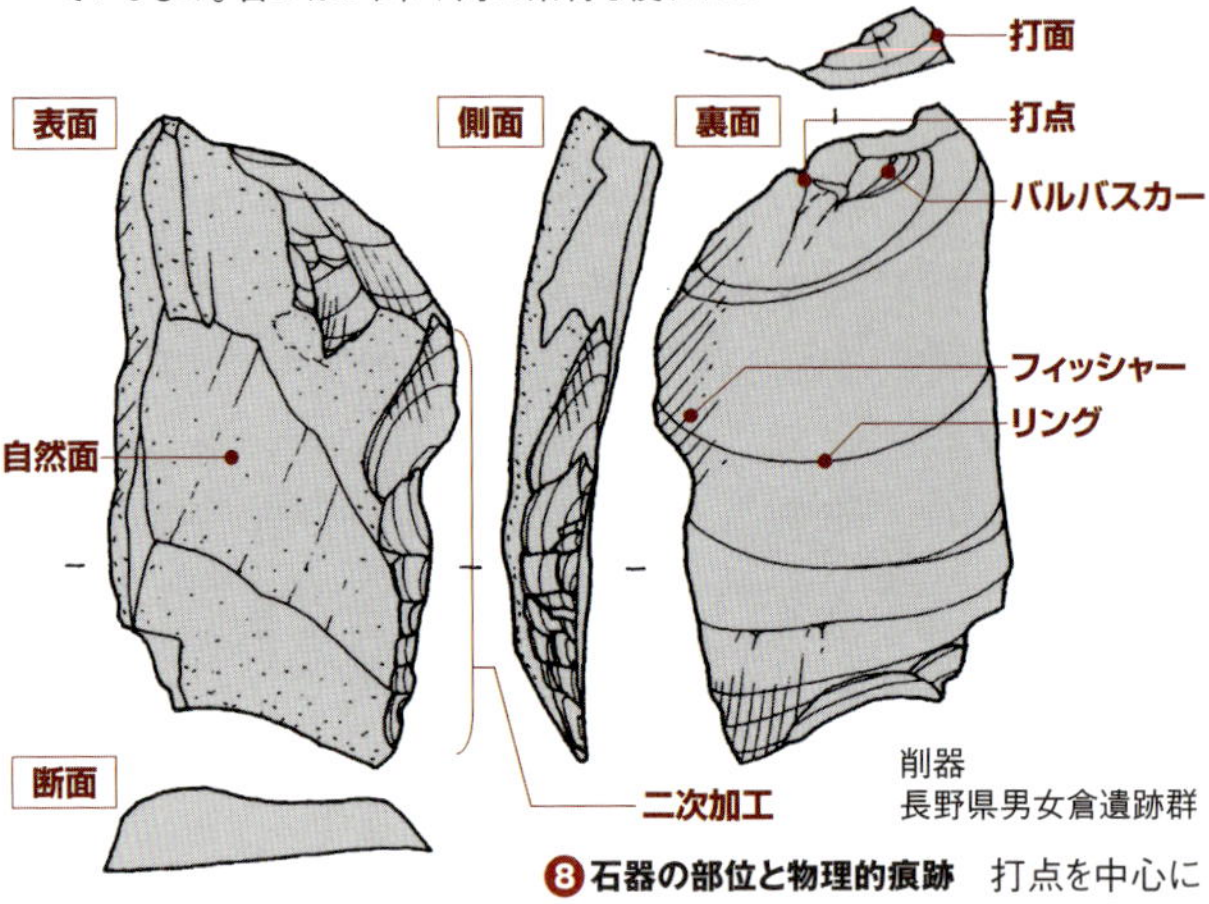

❽**石器の部位と物理的痕跡**　打点を中心にリング・フィッシャー・バルバスカーが生じる

❾**研磨**　石斧の刃を砥石で磨く

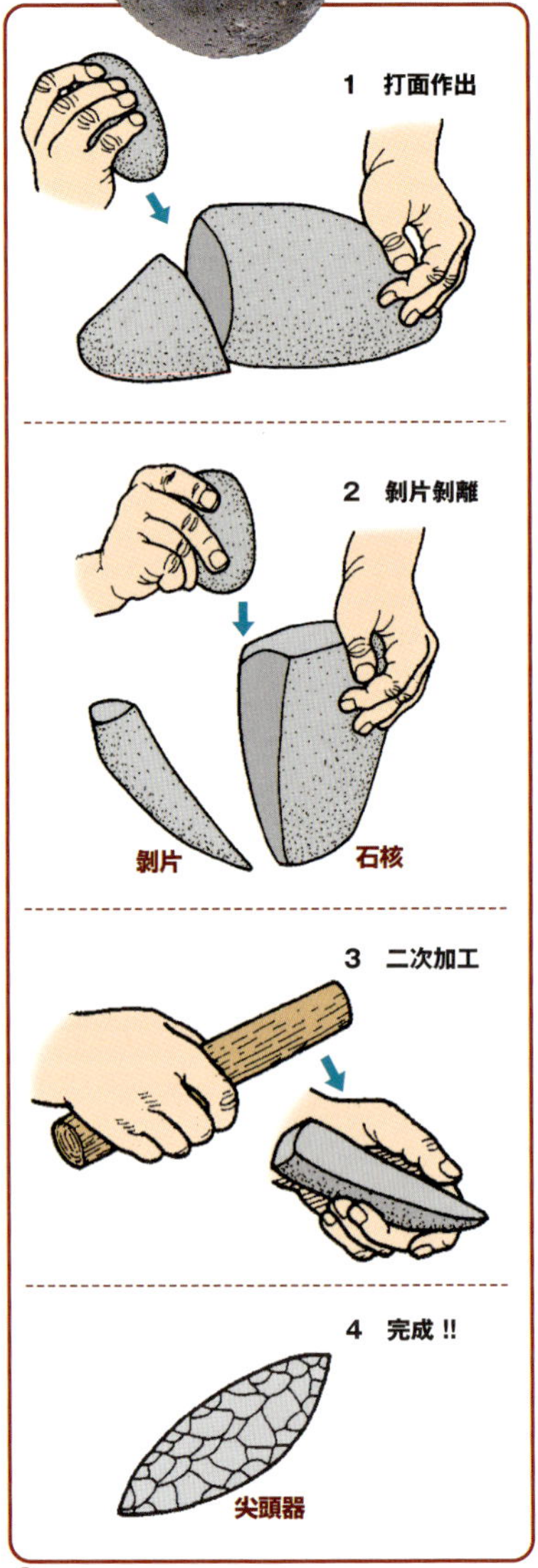

❿**石器作りの手順**　原石などに打面を設け、剥片を取る。剥片に二次加工をおこない石器に仕上げる

09 石器製作技術の復元

石器作りには、さまざまな技術が駆使された。石を打ち割る技術、押し剥がす技術、磨く技術などである。旧石器人は石の性質を熟知していた。そうした石器製作技術は、実験考古学などで復元されている。石を欠く3つの技術に、直接打法・間接打法・押圧剥離がある。ただ、間接打法が旧石器時代におこなわれていたかどうかは、パンチの出土例がないため議論がある。写真は、実験石器製作のベテランである岩宿博物館小菅将夫氏による製作技術の再現である。海外にはキム・アッカーマン氏のような石器製作の達人もいる。

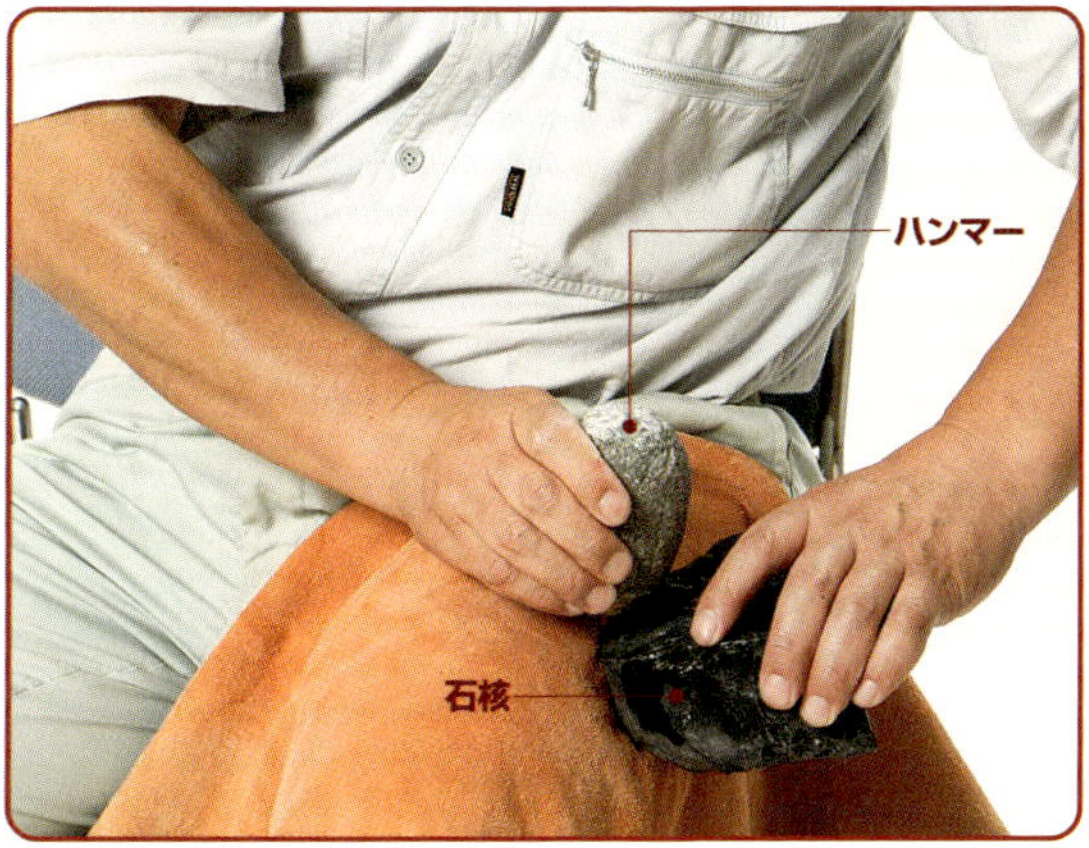

❶**直接打法**　石材に直接ハンマーをたたきつけて、打ち欠く方法。大きな割り取りも可能である

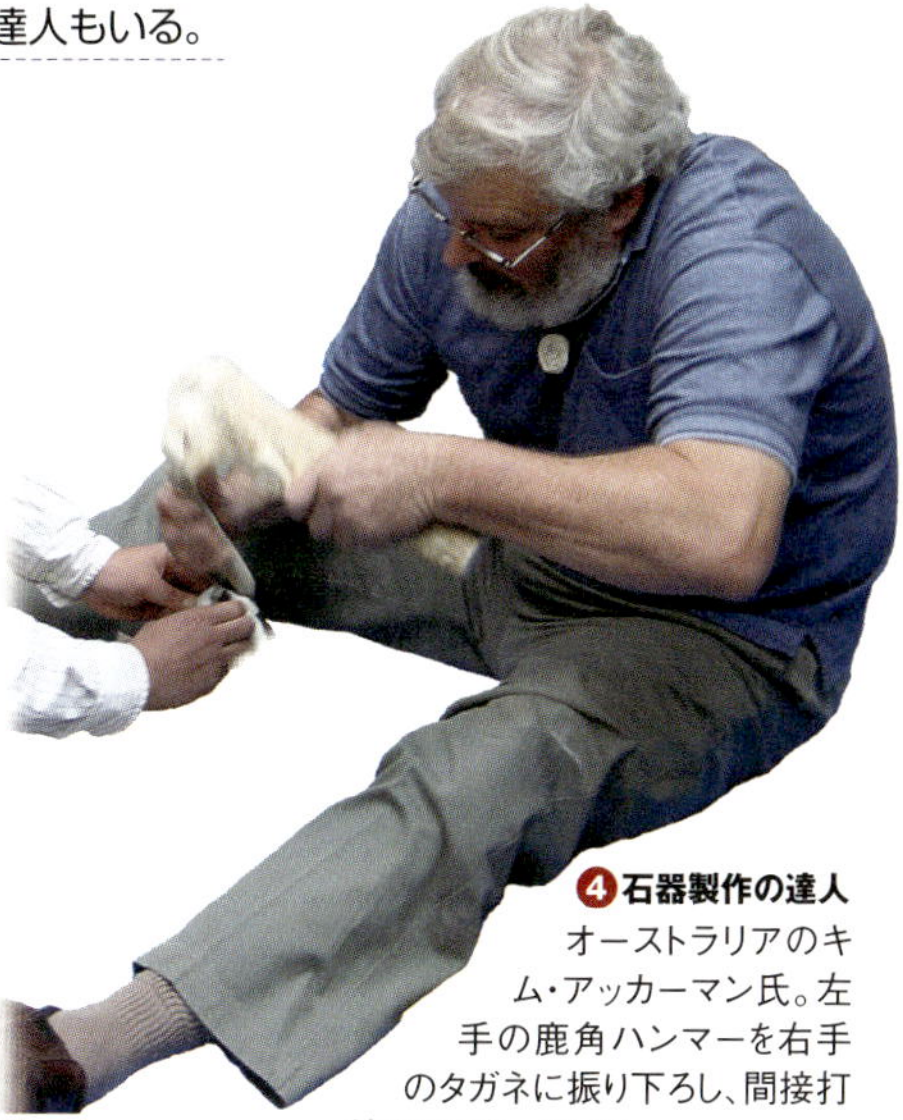

❹**石器製作の達人**
オーストラリアのキム・アッカーマン氏。左手の鹿角ハンマーを右手のタガネに振り下ろし、間接打法をおこなっている

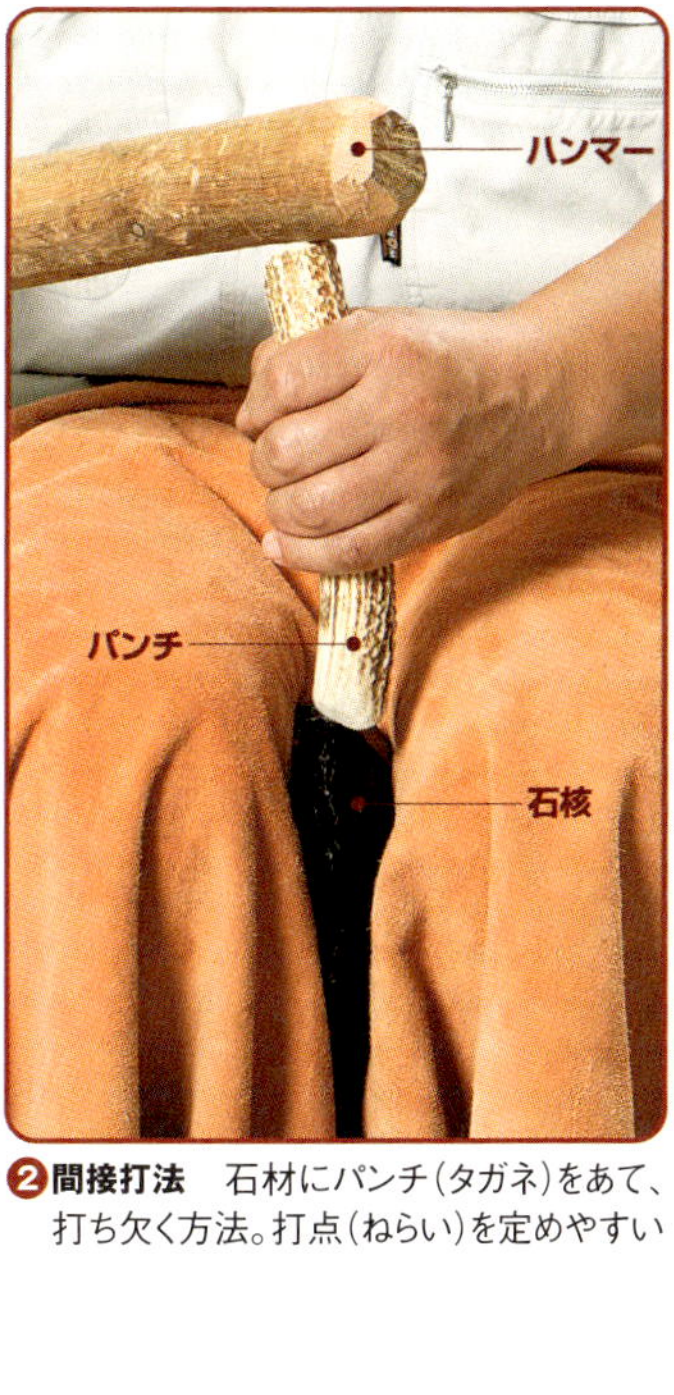

❷**間接打法**　石材にパンチ（タガネ）をあて、打ち欠く方法。打点（ねらい）を定めやすい

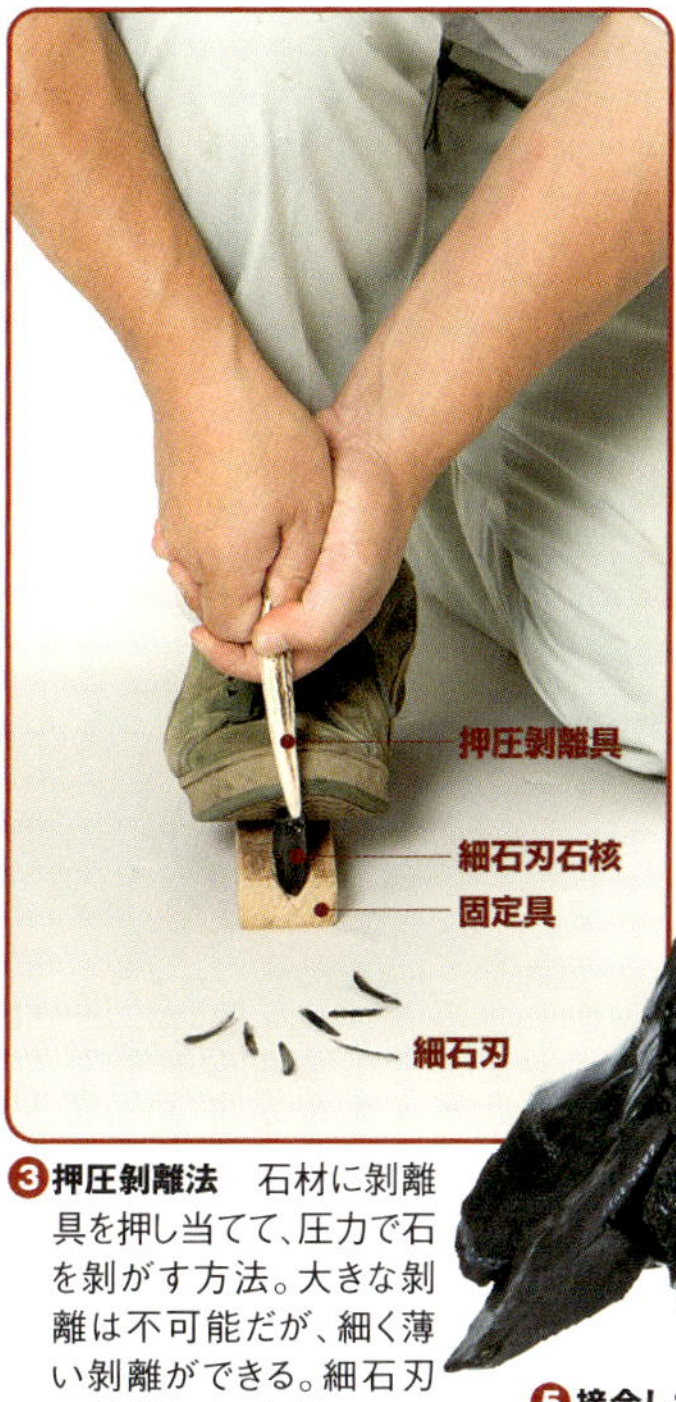

❸**押圧剥離法**　石材に剥離具を押し当てて、圧力で石を剥がす方法。大きな剥離は不可能だが、細く薄い剥離ができる。細石刃の剥離などに有効

❺**接合した石刃**　打ち剥された順に接合。石刃技法の様子が読み取れる。北海道上白滝8遺跡

10 黒曜石を求めて

石油・天然ガス・鉄鉱石、現代社会はこうした資源開発に先を競ってきました。しかしそうした資源問題は、なにも今日的課題だけなのではなく、はるか過去の旧石器人たちも頭を悩ませてきたことでもありました。彼らは、自らの命を託す石器の原材料を、どこでどのように手に入れるかについて、かなり考えをめぐらしていたはずです。

今から四万年程前、列島にやってきたホモ・サピエンスたちは、鋭敏な資源探査感覚をもって黒いダイヤ、すなわち黒曜石を発見しました。その鋭い割れ口は、ガラスのかけらのようで、狩りに、調理に、工作にと威力を発揮しました。

その後の縄文人たちは、原産地に採掘坑を穿って黒曜石を採取したようですが、旧石器人たちはむしろ採掘のような労力をかけず、川原や露頭の表面に出た黒曜石を採取したものと考えられます。旧石器時代の黒曜石採掘坑は、今のところ見つかっていません。

黒曜石の代表的な原産地は、北海道では白滝、本州では和田峠や八ケ岳、高原山《たかはらやま》、伊豆七島では神津島《こうづしま》、島根では隠岐島、佐賀では腰岳《こしだけ》が知られ、旧石器に用いられています。ここでは中部関東地方の黒曜石利用のあり方を取り上げてみましょう。

後期旧石器時代初頭、三万二〇〇〇年前以前の長野県日向林《ひなたばやし》B遺跡では、数多くの台形様石器に和田峠産黒曜石が用いられていることが**蛍光X線***による産地推定から判明しました。同じ時期の関東の遺跡からは、栃木県高原山、太平洋上の神津島産の黒曜石も見つかり、これらの原産地が、いずれも後期旧石器時代初頭にすでに開発されていたことがわかります。

ただこれ以降、時期を追うにつれて、黒曜石利用が飛躍的に伸びるというわけではありません。むしろある産地の黒曜石が使われなくなる時期もあります。たとえば相模野台地では、姶良Tn火山灰が降る前はさかんに信州産黒曜石が使われていましたが、その降灰後信州産の黒曜石はぱったりと消え、かわって天城・箱根産黒曜石の利用が増加します。

この頃は、酸素同位体ステージ2のかなり寒冷な時期にあたり、標高一五〇〇メートル以上もある信州の黒曜石原産地に容易に立ち入れなくなったため、質は落ちるものの相模野から遠くない天城・箱根産の黒曜石が用いられたのだとも説明されています。

各産地の黒曜石は、通常一〇〇から一五〇キロほどの圏内に供給されていることが産地推定からわかります。石は自ら動かないので旧石器人が運んだことは間違いありませんが、どのように黒曜石を入手したのでしょう。人びとが直接遠方の原産地に黒曜石を採りにいったという「直接採取説」、集団間の交換をへて黒曜石が遠くまで流れたという「交換説」、広域の遊動スケジュールの中で原産地の近くに立ち寄った折に黒曜石を採ったという「埋め込み戦略説」があります。あるいはそれらの方法が組み合わされたのか、議論が続いています。

***蛍光X線産地推定**　黒曜石などの試料に蛍光X線を照射し発生した二次蛍光X線から産地固有の元素の種類や濃度を抽出し、産地を推定する方法。

❼**作り直した尖頭器**　ウロコ状に無数の剝片を剝がして、尖頭器を作るが、途中で何度か割れてしまい、しまいには放棄したもの。北海道奥白滝1遺跡

❽**白滝原産地の黒曜石露頭**　赤石山八号沢の巨大な露頭

❾**打ち割られた黒曜石原石**　ひとつの石核から石刃を幾重にも剝がしている様子がわかる接合資料。北海道奥白滝1遺跡

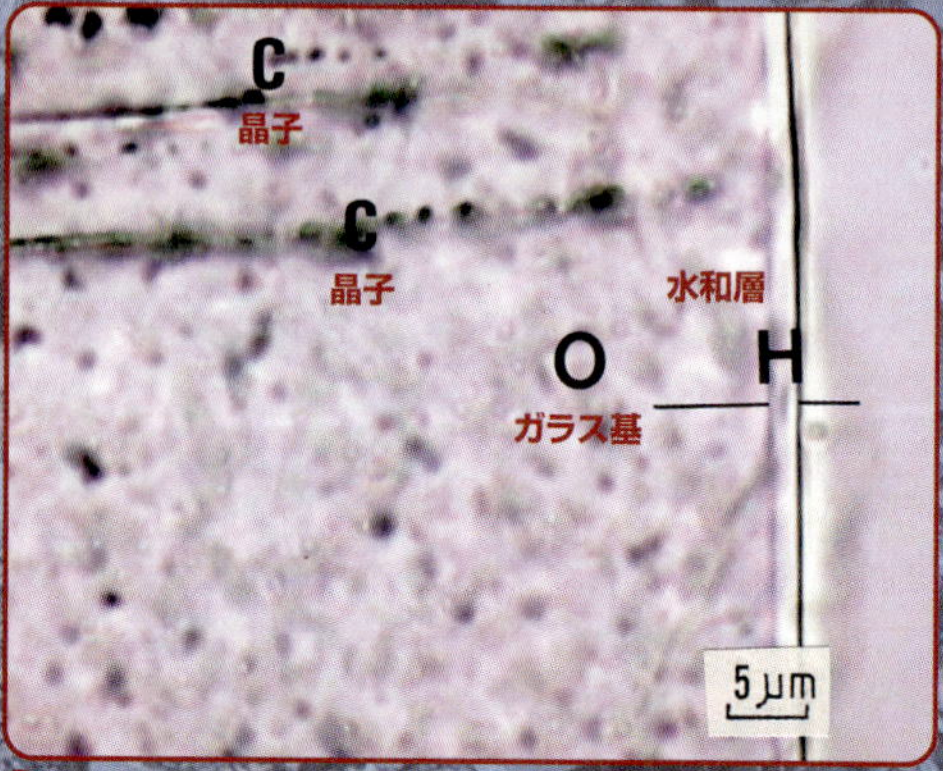

❿**黒曜石の水和層**　打ち割られた時点では新鮮な黒曜石の表面も、土中に埋もれるとしだいに水和層という皮膜が表面に形成される。その厚さを測定することで年代を測定する。写真は北海道十勝川温泉遺跡。水和層年代は2520±260年

10 黒曜石原産地とその利用

火山列島である日本には、北海道から九州まで、火山ガラスである黒曜石が産出する。最古の狩人たちはこの有用な資源を決して見逃すことがなかった。また、黒曜石のない近畿・瀬戸内地方ではサヌカイトが、東北地方では珪質頁岩が石器の石材にあてられた。人びとは石材の性質を熟知し、すぐれたテクニックで石器作りをおこなった。

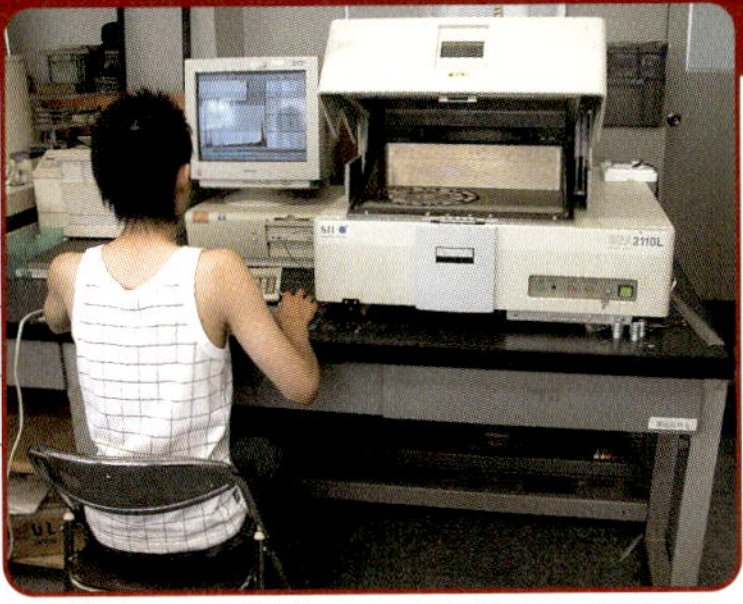

❶蛍光X線分析による産地推定　黒曜石は、産地ごとに元素組成が異なる。その試料を分析装置に入れ蛍光X線を照射して、派生した二次蛍光X線から元素組成を突き止め、産地を推定する

❷八ケ岳麦草峠の黒曜石露頭　標高2000mの麦草峠付近。高標高のため冬季の黒曜石採取は困難だったのだろう

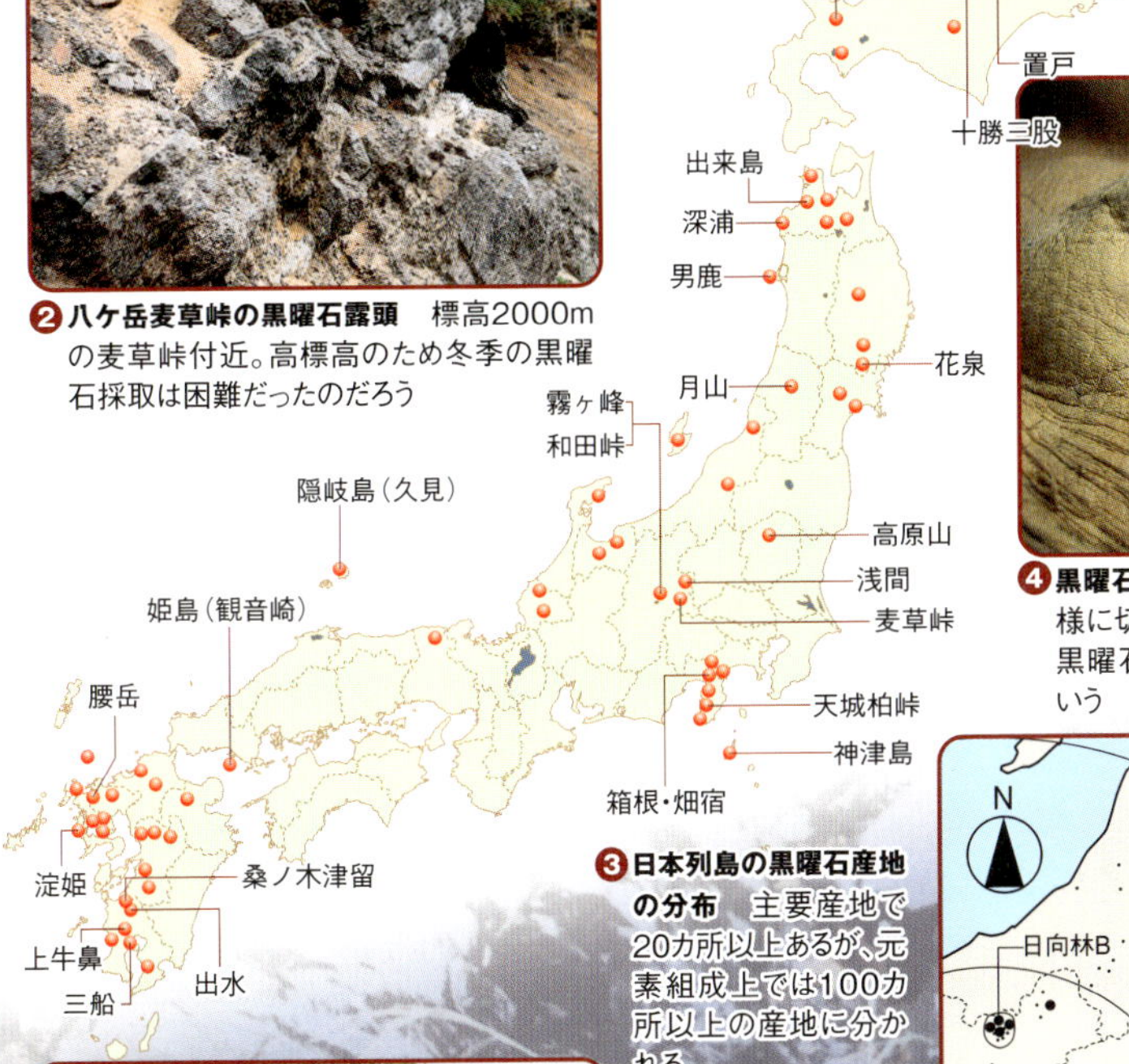

❸日本列島の黒曜石産地の分布　主要産地で20カ所以上あるが、元素組成上では100カ所以上の産地に分かれる

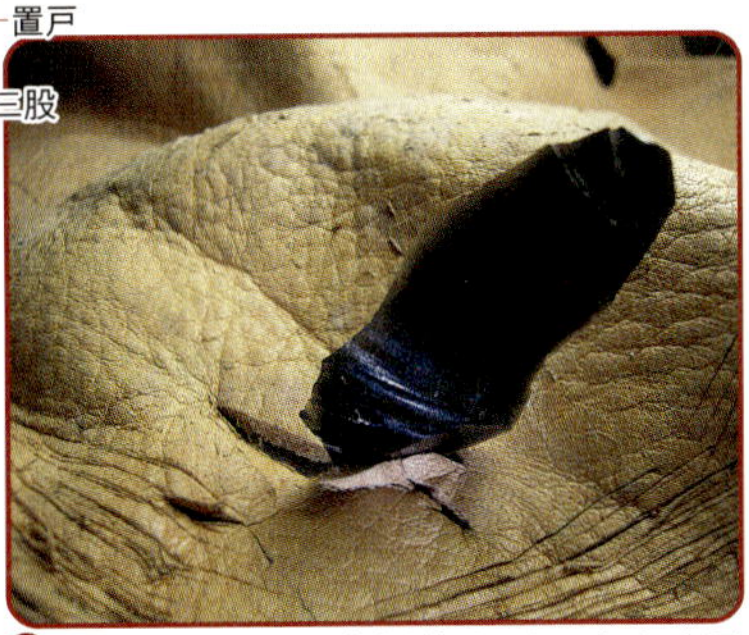

❹黒曜石の切れ味　皮などもカッターナイフと同様に切れる。金属のメスより切れがよく、あえて黒曜石のメスを使うアメリカの外科医もいるという

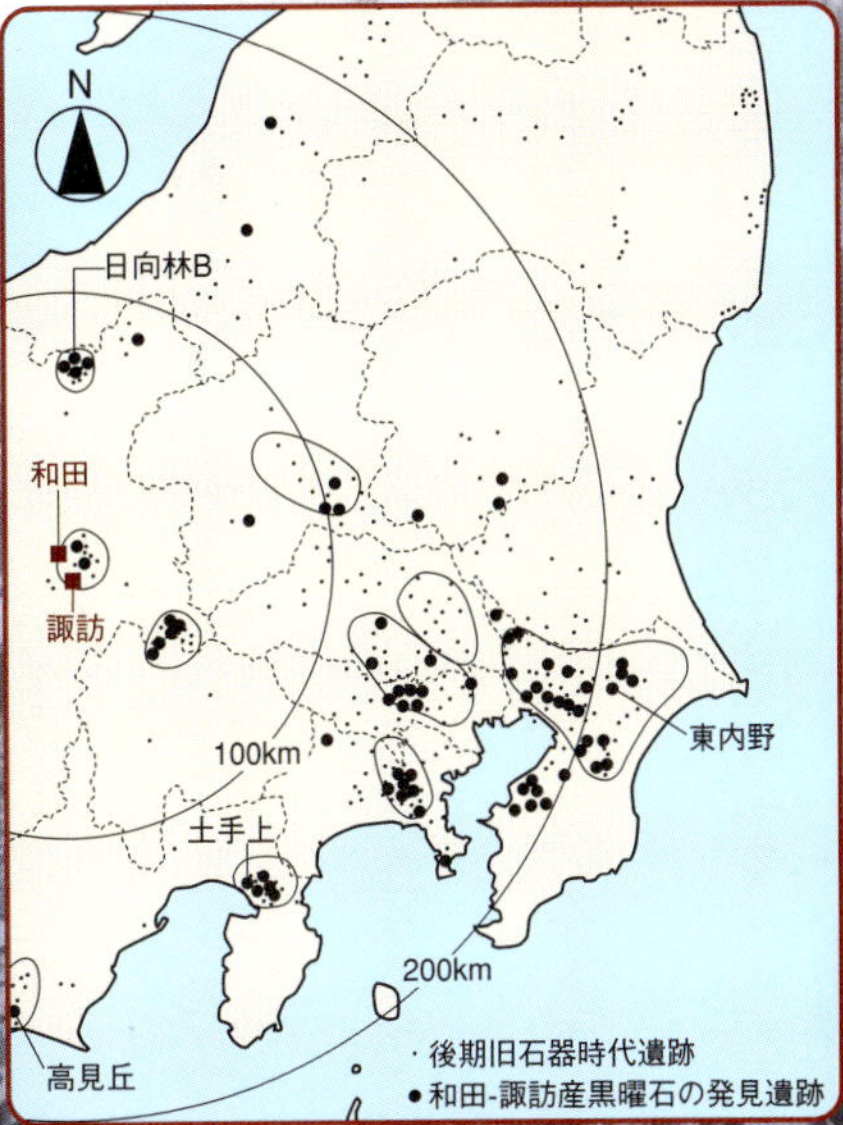

❺和田峠の黒曜石露頭　4万年前の後期旧石器時代初頭から和田峠のものが利用された

❻信州和田峠原産地群（和田-諏訪群）の黒曜石の利用遺跡　蛍光X線分析などの産地推定によってその広がりが確かめられている

11

旧石器の進化《エボリューション》

あらゆる道具が進化し続けています。携帯が、パソコンが、テレビが……。そもそも進化とは生物学の用語ですが、無生物の道具にもうなずけてしまうので不思議です。

人類が持った最初のツールである旧石器は、狩りをする、調理する、あるいは道具を製作するために用いられ、自らの生命をゆだねる道具として、創意工夫をもって進化を遂げてきました。また、石器を保有する集団によっても、そのデザインが異なりました。

富士山の火山灰などが厚く積もった箱根・愛鷹《あしたか》山麓や相模野台地、武蔵野台地などでは、深いローム層の中から石器が発見されます。「地層累重《るいじゅう》の法則」により古い石器ほど下の地層に埋もれており、幾度かの生活の痕跡が積み重なってみられます。ひとつの地層から発見される一定の時間内の石器群のまとまりは「文化層」などとも呼ばれています。遺跡や遺物を、時系列に順序だてて並べる歴史的枠組みを「編年」といいます。

私が調査に加わった神奈川県海老名市の柏ケ《かしわが》谷《や》長《なが》ヲサ遺跡では、地上より六メートルほどの深さにおよんで時期の異なる一三枚の石器文化層が発見され、石器群の編年が組まれました。石器を包含するローム層は、明るい色の部分と暗い色の部分とがあって、地層の違いがよくわかります。暗い色の部分は黒色帯《ブラックバンド》と呼ばれています。

その第二黒色帯の下の明るいローム層中には、きな粉のような火山灰がぽつぽつと含まれていました。これは姶良Tn火山灰（ＡＴ）と呼ばれるもので、およそ二万九〇〇〇年前の鹿児島湾北部の姶良カルデラの巨大噴火によって、国内各地に降った広域火山灰です。日本列島の後期旧石器時代は、この火山灰を目安に、前半と後半に分けられています。

後期旧石器時代初頭の第Ⅰ期、列島にやってきたホモ・サピエンスたちは刃を磨いた石斧と台形様石器を手にし、環状のキャンプを設けて、新たな生活をスタートさせました。第Ⅱ期には人びとはナイフ形石器を技術開発します。ＡＴ火山灰が降り、後期旧石器時代後半期になると、地球は酸素同位体ステージ２のきわめて寒冷な気候に突入します。柏ケ谷長ヲサ遺跡ではこの第Ⅲ期の文化層が充実してみられましたが、その中には皮なめしの道具である掻器が含まれ、寒冷な気候に適応した皮革衣類などが作られたことがうかがえます。第Ⅳ期には石刃を素材としたナイフ形石器が発達、第Ⅴ期には尖頭器が作られ、第Ⅵ期には日本列島を覆うように細石刃技術が発達し、やがて縄文時代が幕を開けます。

旧石器時代、礫器などとして手に持たれた武器は、やがて手の延長であるヤリ先に括り付けられ、縄文時代には弓矢という飛び道具に進化しました。戦国時代の日本には鉄砲が伝来し、銃は機関銃になり、ミサイルになり、核兵器になって、人類自らを脅かしています。道具の長い歴史は、人間社会にどのようなことを伝えてくれているのでしょうか。

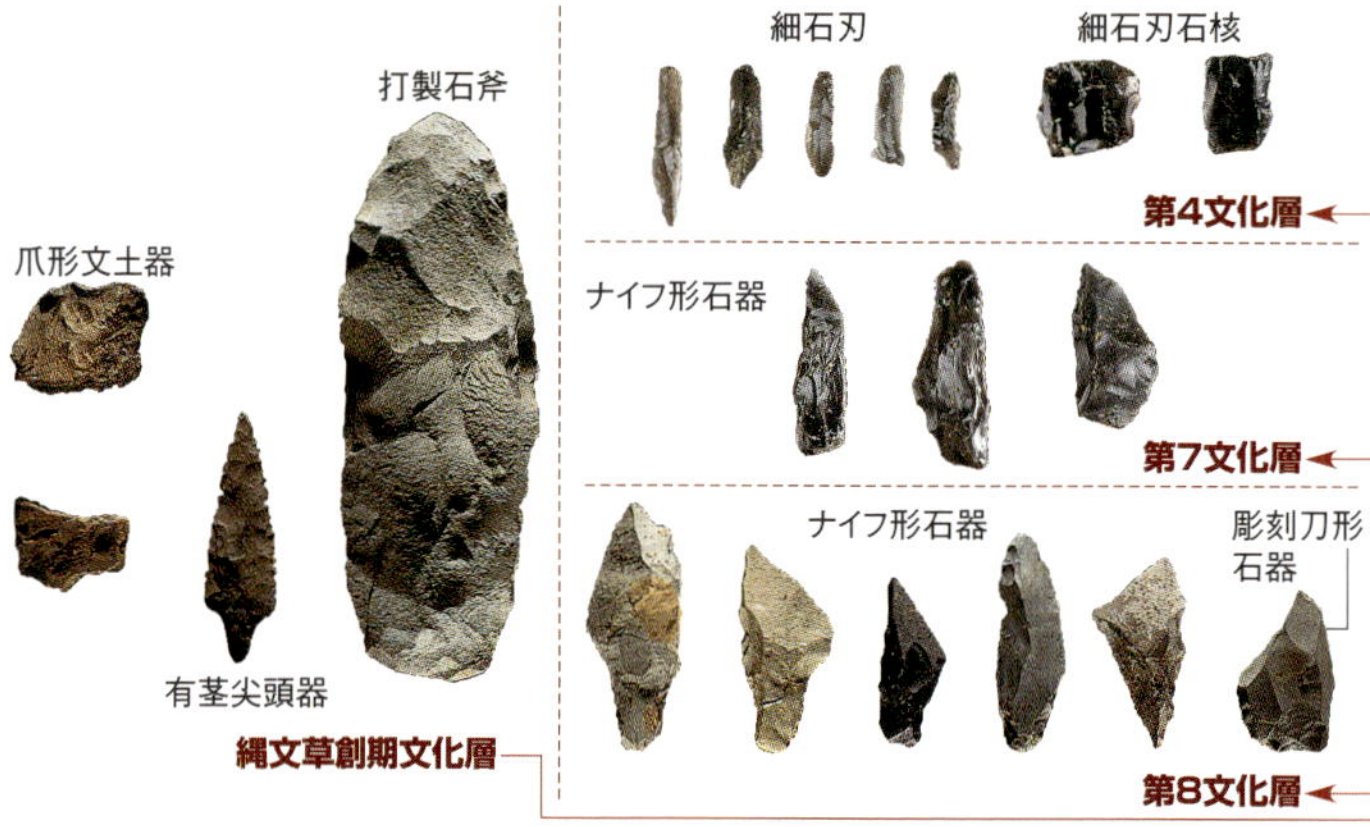

❷ **重複する文化層**　柏ケ谷長ヲサ遺跡の第6文化層と第9文化層。礫群が上下差をもって出土している。こうした上下関係で編年が組み立てられる

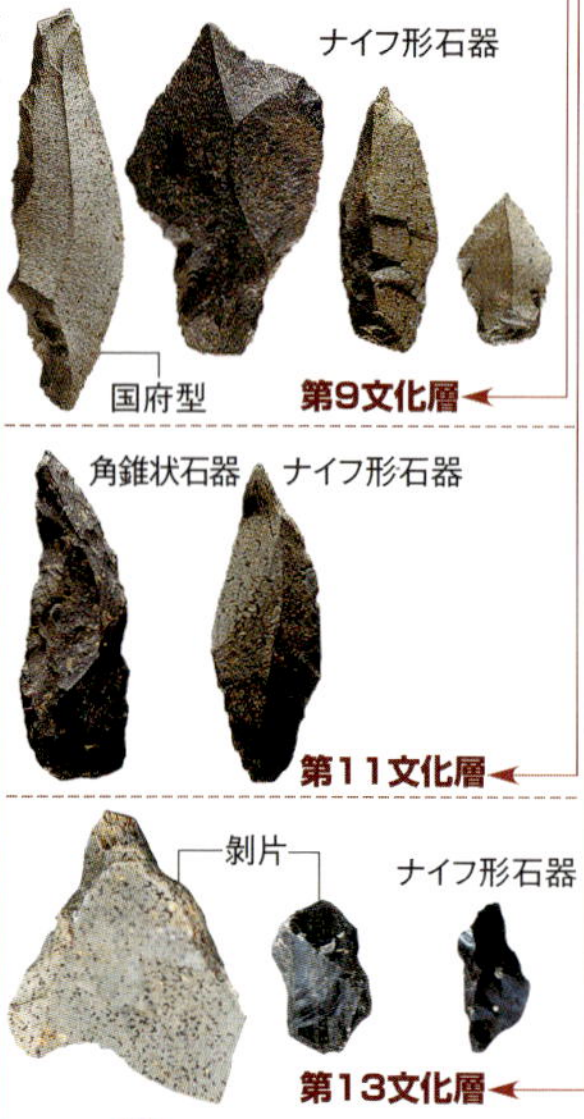

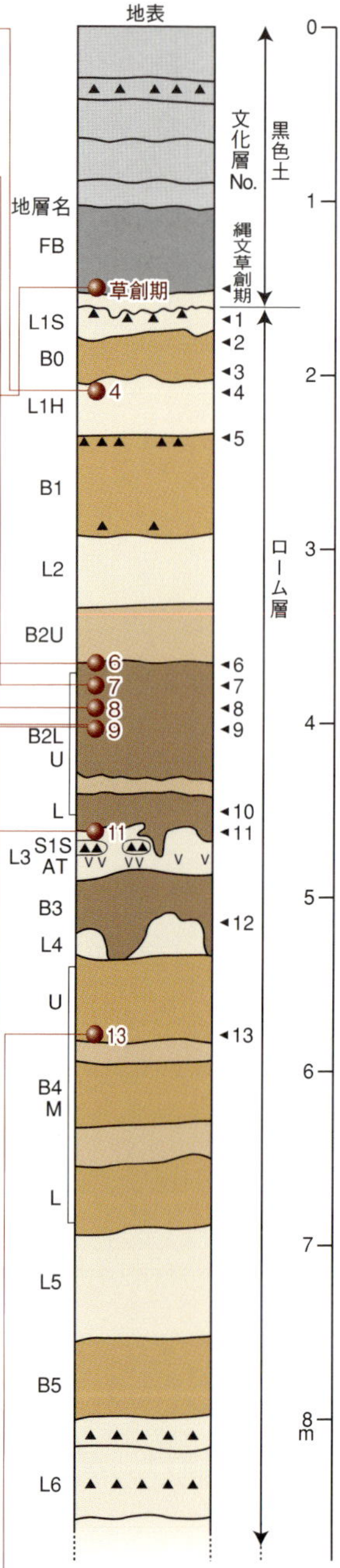

❸ **相模野台地のローム層堆積**　AT火山灰を含むL3層からB5層まで。神奈川県上草柳遺跡群

❹ **柏ケ谷長ヲサ遺跡のローム層と文化層**　明るいローム層(L)部分と暗色帯(B)といわれる暗いローム層部分が交互にみられ、年代順に旧石器文化層13枚が発見された。神奈川県海老名市

11 後期旧石器時代の編年

後期旧石器時代は、およそ4万年前から1万5000年前までの2万5000年間にわたり続いた。AT火山灰のある2万9000年前を境に前半と後半に分けるのが一般的な区分である。

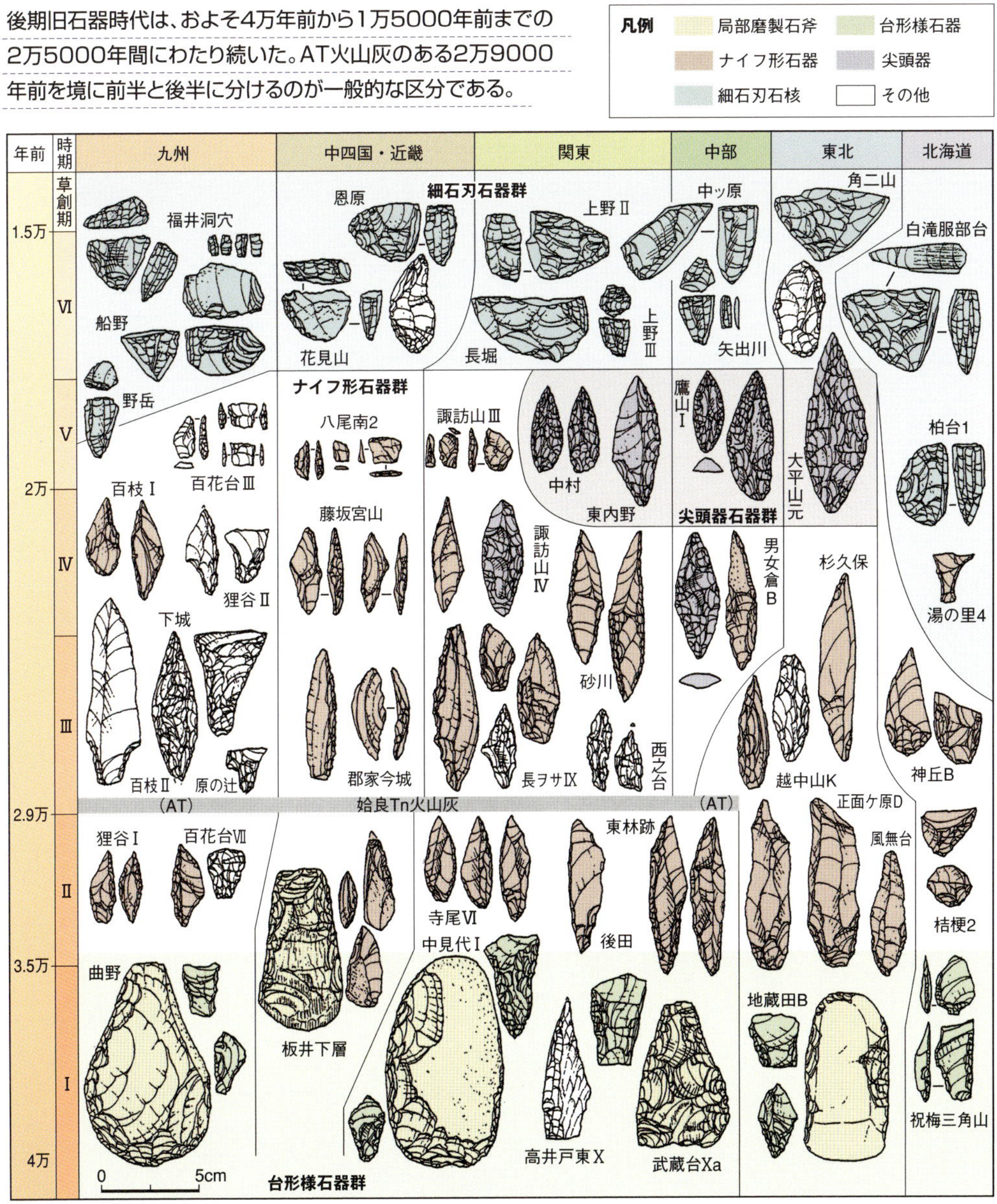

❶ 後期旧石器時代の編年

Ⅰ期（前半期前葉）：台形様石器と局部磨製石斧をもつ台形様石器群が展開、大規模な環状ブロック群が残される

Ⅱ期（前半期後葉）：ナイフ形石器の確立。東日本には石刃技法が、西日本には横長剝片剝離技術が登場する

Ⅲ期（後半期前葉）：ナイフ形石器の地域色が強まる。北海道では広郷型、東北では東山型や杉久保型、中部・関東では切出形、近畿・中・四国地方では瀬戸内技法による国府型がみられ、九州では三稜尖頭器や剝片尖頭器が発達する

Ⅳ期（後半期中葉）：北海道では本州より数千年先行し２万年前以前から細石刃石器群が成立、中部・関東では発達した石刃技法によるナイフ形石器群が展開する。九州では台形石器が発達する

Ⅴ期（後半期後葉）：北海道には細石刃石器群が広がり、九州でも細石刃石器群が登場する。東日本でもとくに中部・関東地方では、細石刃石器群が登場するまでの間、尖頭器石器群が地域的な発展をみせる

Ⅵ期（後半期末葉）：ナイフ形石器群が消滅、列島全域に細石刃石器群が展開する。北海道から東北日本には湧別技法に代表される北方系の削片系細石刃石器群が展開し、西南日本には矢出川技法による細石刃石器群が広がりをみせる

12

磨かれた斧

旧石器時代の定義を覆す発見が、日本列島で相次ぎました。刃の部分を研磨した局部磨製《きょくぶませい》石斧《せきふ》の発見です。この時代には、磨製石器がなく打製石器を用いていたという主要な定義のひとつは、完全に見直しをかけられることになりました。しかも、この局部磨製石斧は、後期旧石器時代の幕開けを飾る古い石器であることがわかっています。

長野自動車道を新潟方面に向かい、ナウマンゾウの湖で知られる野尻湖へとさしかかるゆるやかな坂の真下で、一九九三年、六〇点もの局部磨製石斧を出した日向林B遺跡の環状ブロック群の発掘が始まりました。六〇点の石斧は遺跡から五〇～六〇キロほど離れた新潟・富山・長野県境に産出する蛇紋岩類で作られていました。この遺跡の年代は、三万二〇〇〇～三万六〇〇〇年前と出されました。

この局部磨製石斧がどのように使われたかについては、現在大きな「機能論争」が巻き起こり、いまだ決着にはいたっていません。大きくは二つの説に分かれます。

A　木材の伐採・加工具説

B　動物の解体・加工具説

「獲得した獲物の解体、皮剝ぎ、皮加工にもちいた蓋然性が高い」との見解を示したのは麻柄一志さんです。春成秀爾さんも早くから同様な見方を示しています。

これに対し、「木材の伐採・加工説」を強調するのは稲田孝司さんです。長崎潤一さんは、積極的な木材利用―森林利用―のための道具として特殊化したものと石斧を評価、佐藤宏之さんは局部磨製石斧の激しい損傷・変形から、ヘビー・デューティーな道具で、石器の木質柄部製作や当時のテント状住居の柱材加工をおこなっていたものだと推定しています。

争点のひとつである日向林B遺跡の石斧について、私は**使用痕分析***をおこなってみました。まず小さな石斧を顕微鏡で見ると、刃に皮なめしの使用痕がついていました。一方、大きな石斧の中には、まっぷたつに折れていたり、刃が大きく欠けていたりするものがあることから、「横斧的に装着され対象物に振り下ろして打撃するような使用法」を想定し、木材の伐採・加工などハードワークに使われていたものと考えました。

おそらくこの局部磨製石斧は、当初は木材の伐採・加工などに使用され、刃が何度もダメージを受ける中で研ぎ直され、石器が小型化してくると、今度はその用途を変え、皮なめしなどの軽作業に機能転化したのだと、私は解釈しています。やや折衷案的なこの考えを「木材伐採・加工・皮なめし説」としておきましょう。

この局部磨製石斧は、後期旧石器時代の後半期になるとぷっつりと姿を消してしまいます。木材の伐採などの要請がなくなったのでしょうか、謎の消滅といえます。

***使用痕分析**
石器の刃などについた使用時のキズを手がかりに、その使用法や使用対象を推定するもの。使用実験などの結果と対比する実験使用痕分析もその一分野。

❽ 砥石と石斧
日向林B遺跡出土

❾ 激しい刃の破損　本頁の右端の大きな石斧の割れた刃。木材伐採などにより、刃が痛んだか。日向林B遺跡

❿ 日向林B遺跡の局部磨製石斧　いずれも実物大。大小それぞれのサイズがあり、変形のプロセスを物語ると思われる。刃が片面側に膨らみ、当初は横斧として使用されたとみられる。いずれも、蛇紋岩類

12 磨かれた斧

かつて旧石器時代には、磨いた石器はないとされてきた。しかし日本列島には後期旧石器時代の初頭から、刃を磨いた局部磨製石斧が存在する。その用途については、おもに木の伐採・加工具説と動物の解体・加工具説がある。長野県日向林B遺跡の石斧の刃には、硬質な物質への打ち込みによる激しいエッジ・ダメージと皮なめしによる光沢の双方が残されていた。当初は木材に対するハードワークに適用されたこの石斧も、破損して小形になるにつれ、皮なめしなどに転用されたのであろう。

1 まとめ置かれた石斧　石斧など重厚で繰り返し使われる石器は管理的石器と呼ばれ、特定の場所に保管されたものなのだろう。長野県大久保南遺跡

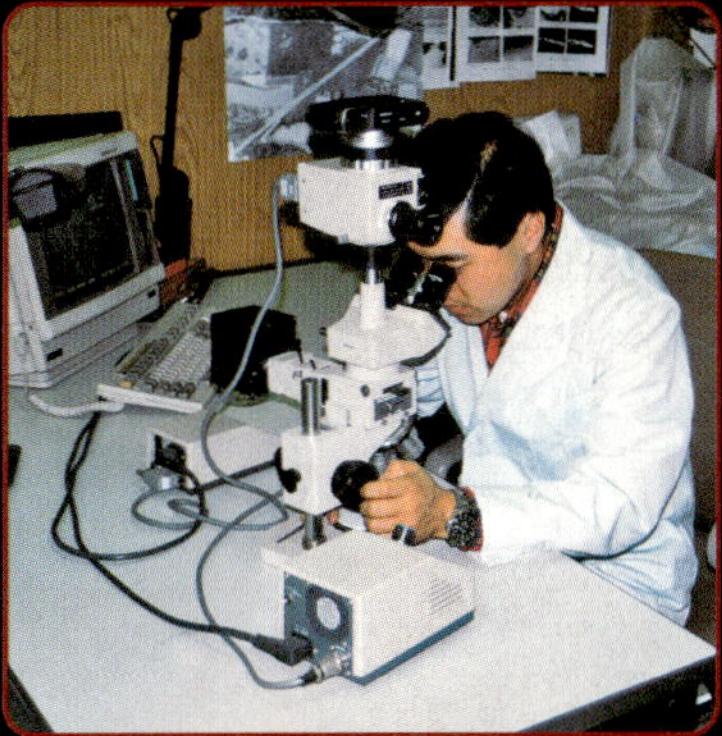

2 使用痕を観察する　金属顕微鏡などを使って石器の刃を観察すると、使用対象物や使用法を示す使用痕が残っていることがある

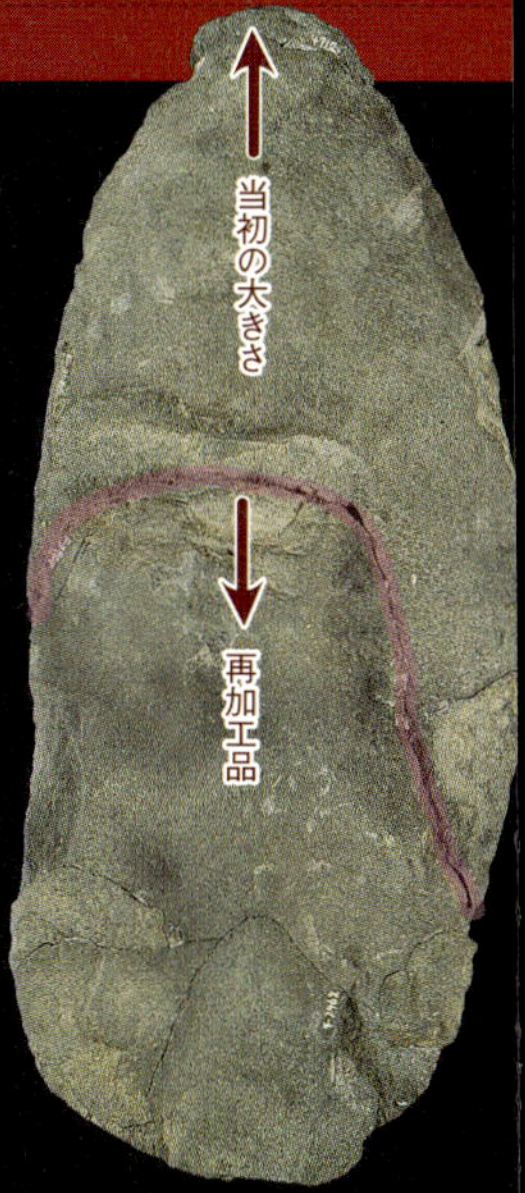

3 割れて小型化した石斧　ダメージによる石斧の変形を示す例。大きな石斧で作業に入ったが、薄く半分に割れてしまい、その半分を利用して再び石斧に仕上げている。東京都武蔵台遺跡

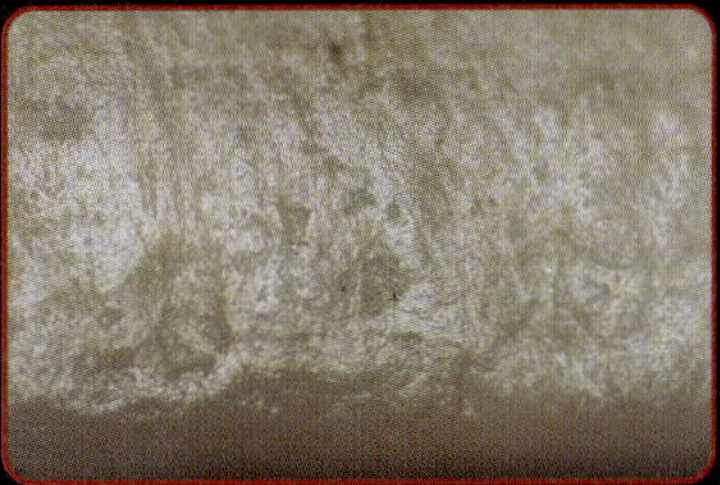

4 皮なめしによる使用痕　日向林B遺跡の小形の石斧の刃部にみられた

5 横斧　南太平洋の民族例。柄に対し刃が直交するようにつけられてる

6 横斧の使用実験　斧をかかげ、高い位置に打ち込む身振りが必要となる

7 日向林B遺跡の小型局部磨製石斧　実物大。左の石斧の刃には皮なめしの使用痕があった。蛇紋岩類

13 環状キャンプに集う

旧石器時代の暮らしというと、二、三家族が寄り添うようにテントを張って、ひそやかに生活していたかのようなイメージがあります。ところが、そうした小集団からなる旧石器時代の集落像を見直さなければならない発見が相次ぐようになりました。「環状ブロック群」などと呼ばれる石器分布の発見です。

栃木県佐野市上林《かみばやし》遺跡から発見された一点の石器は、やがて三五四〇点にまで増えて連なりをみせ、五〇×八〇メートルという巨大な環状の石器分布へと広がりました。この環状ブロック群は、石器を作ったり、使ったりした旧石器人が環状キャンプを設けていた証しだと考えられています。

上林遺跡の楕円形の石器分布には、西側では遺跡近くの石材がみられ、東側の半円では信州和田峠の黒曜石をはじめとする遠隔地の石材が持ち込まれていました。調査にあたった出居博さんは対照的なその分布状況から、このキャンプは、近傍をテリトリーとする集団と遠方の集団が向かい合い、物資や情報の交換など相互の交流をはかった場で、そこには五〇人から一〇〇人もの人びとが集まっていたと推測しています。

環状ブロック群が最初に発見されたのは、一九八三年、群馬県赤城山南麓の下触牛伏《しもふれうしぶせ》遺跡の発掘調査でした。以後、環状ブロック群は北海道から九州まで一〇〇カ所近くが発見されています。そしていずれも後期旧石器時代の初めにあたる三万年前以前のものであることが特徴です。そして三万年前を過ぎると、こつ然と姿を消してしまいます。

長野県野尻湖に近い日向林B遺跡からも直径三〇メートルの環状ブロック群が見つかり、総数九〇〇〇点の石器が出土しました。石器の中には、後期旧石器時代初頭を特徴付ける石斧六〇点が残されていました。環状ブロック群は台形様石器や局部磨製石斧とセットになって存在していることが重要な点です。

なぜ人びとが環状のキャンプに集ったのかは大きな謎です。ひとつには、ナウマンゾウの湖として有名な野尻湖周辺でも環状キャンプがいくつか見つかっていることから、ナウマンゾウなど大型獣を狩猟するために集結した狩りのムラだとする「大型獣狩猟説」があります。また、石器や石材の交換のために集ったという「石器交換説」、集団がまとまって外部から身を守ったといういわば「保安説」もあります。石材など資源開発のための集結、情報交換や食料の分配などがなされた可能性もあるでしょう。複合的な要因も考えられます。

諸説は決着をみていませんが、いずれにせよ人びとが円陣を組んで集結する行為により、その絆が再確認され、連帯感を高めたことは疑いありません。サークルをなす集団原理が後期旧石器時代初頭から働いていたことは、社会進化を考えるうえできわめて重要でしょう。

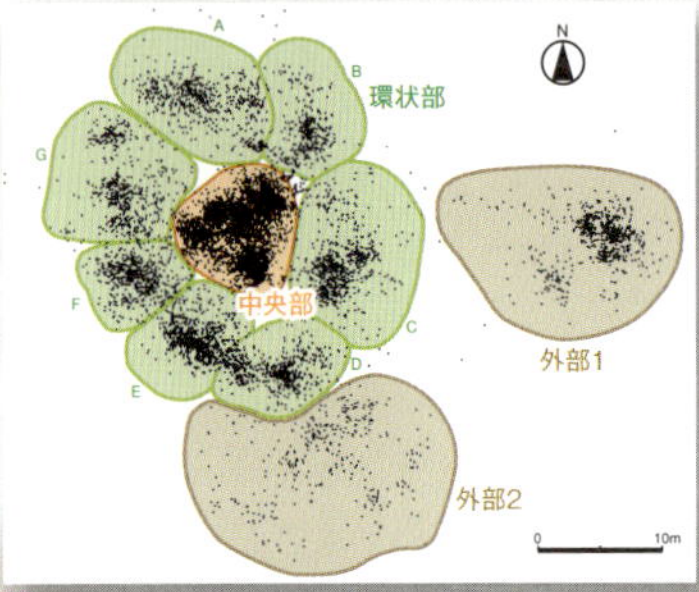

❷日向林B遺跡の環状ブロック群　径30mほど

❸日向林B遺跡の環状ブロック群　分布の西半部

13 環状のキャンプを復元する

後期旧石器時代初頭の遺跡からは、“環状ブロック群”という円形の石器分布が、石斧や台形様石器をともなってしばしば発掘される。この環状の石器分布は、集団が大きな円陣を組んでキャンプを設けていたことを物語っている。当時の行動戦略や社会組織をさぐる重要なカギが、このサークルの中に隠されている。

❶**出土した石斧**　日向林B遺跡

❹**日向林Bの環状キャンプ**　検出された環状ブロック群をもとにキャンプと集団を復元した。石斧で木を切りテントの骨組みとする。中央広場では、石器作りや皮なめし、調理がなされている。原案：堤隆、画：山本耀也、国立科学博物館日本館展示復元画

14 仕掛けられた陥し穴

遠く富士の雄姿を望む箱根山麓の初音《はつね》ヶ原《がはら》遺跡の尾根には、人をすっぽりと飲み込んでしまうほどの穴が赤土に掘り込まれていました。箱根山麓を生活の舞台に組み込んだ旧石器人たちが掘った穴です。スコップなどの掘削具のない時代、おそらく木の棒などでこの穴を掘ったのかもしれません。いずれにせよかなり困難な作業だったと思われます。

ラッパ状に開いた土坑と呼ばれる穴は、平均的には、開口部の大きさ深さともに一・五メートルほどのものでした。発掘を続けていくと、穴が連綿と続いていました。結局六〇基ほどの土坑が見つかり、尾根を横切るように幾重にかめぐらされていることがわかりました。始良Tn火山灰の下から見つかったこの土坑には三万年前をさかのぼる年代が出されています。

この土坑は、発掘を担当した鈴木敏中さんが当初から指摘したように、陥し穴であることは疑いようもありません。それまで旧石器時代の狩猟といえば、石器を柄の先に付けた石槍猟が漠然と想定されていましたが、陥し穴というワナにかける猟があったことを裏付ける発見です。こうした旧石器時代の陥し穴は、現在では箱根・愛鷹山麓を中心にいくつかの遺跡で見つかっています。では、いったいどんな動物を、どのようにして獲ったのでしょう。

今村啓爾さんは、動物が落ちるのを待った縄文時代のような陥し穴ではなく、集団で動物を陥し穴まで追い込み、その場でとどめを刺すという狩猟法を想定しています。陥し穴のある場所が「尾根に沿って動物の群れを追い落とすことのできる地形」と評価します。ナウマンゾウやオオツノジカなどの大型獣にもこの陥し穴は適用可能であったといいます。

一方、ナウマンゾウなどの大型獣は想定せず、移動するシカやイノシシを落として獲ったと考えるのは稲田孝司さんです。

この陥し穴について、追い込みによって短時間に獲物を得るものか、見回りなどを定期的におこなって獲物が掛かるのを時間的に待つものと評価するかは、重要な論点の違いとなります。後者の場合、遊動生活が基本であった旧石器人でも、通年居住とはいわないまでも、一定程度の滞在をしなければ見回れないことから、その生活スタイルについての考えを改めなければならないからです。

こうした陥し穴は本州では箱根・愛鷹山麓以外に横須賀で発見されています。この地域の生態系に適応した独自の行動戦略であり狩猟システムであると評価していいかもしれません。

二〇〇七年、今度は鹿児島県種子島の大津《おおつ》保畑《ぼばた》遺跡で一二基の土坑が見つかったと報道がありました。その深さは一・二~一・四メートルほどで、上部はラッパ形に開いています。下部はフラスコ状に膨らむものがあって、獲物を逃げにくくする工夫かもしれません。これも三万年を超す古さのもので、大きさから中・小型獣の陥し穴とみて間違いないでしょう。

❸陥し穴の断面　神奈川県横須賀市打木原遺跡で発見されたラッパ状に開く陥し穴の断面。深さ1.6m。その上部をAT火山灰が覆っていて、明らかにその年代(2万9000年前)より古いものであることがわかる

❹愛鷹山麓と陥し穴の発見された遺跡　第二東名の路線上で発掘された細尾、富士石、東野遺跡などからは数多くの陥し穴が発見された。尾根を行き来する動物を捕獲するために、愛鷹山麓の旧石器人たちが掘ったのだろう

❺東野遺跡の陥し穴　第二東名の路線上にある静岡県東野遺跡で発掘された陥し穴。人がすっぽりと入るほどの大きさである。静岡県長泉町

❻種子島の陥し穴　鹿児島県大津保畑遺跡で種Ⅳと呼ばれる3万年前の火山灰の下から見つかった。下部がフラスコ状に膨らむ

❼東野遺跡の陥し穴群　湧水地へと続く沢沿いに存在していた。水場に集まる動物を捕獲しようとしたのだろうか

14 発見された陥し穴

旧石器人はこの陥し穴で何を捕獲したのだろう。ナウマンゾウやオオツノジカなどの大型獣か。それともシカか、イノシシなど中型獣か。意見の分かれるところである。また獲物を、この穴に勢子が追い落としたという「追い落とし説」と、掛かるまで待ったという「待機説」とがあって、決着をみていない。いずれにせよこれだけの穴をたくさん掘り抜くのは、旧石器人たちにとってかなりの労働力を投下した一大土木工事であったことには間違いない。

❶**陥し穴を記録する**　地層の堆積状況を方眼紙に書き込む。静岡県三島市初音ヶ原遺跡

❷**列をなして並ぶ陥し穴群**　静岡県初音ヶ原遺跡。見つかった陥し穴は合計60基にもおよんだ。およそ3万年前のもの

15 あらゆる環境への適応

北緯二四度から四六度におよぶ南北に長い日本列島は、さまざまな環境変化をみせています。たとえば真冬でもTシャツ一枚で過ごせる沖縄から、マイナス二〇℃を下回りストーブをガンガンと焚き続ける北海道旭川では、大きく環境が異なります。さらにはアフリカのカラハリ砂漠に生きる**ブッシュマン***から北極圏のイヌイットまで、人間が暮らす場所はさまざまです。このように地球上のあらゆる環境の中で生き抜いている哺乳類は、ホモ・サピエンスただひとりといえるでしょう。

人間があらゆる環境で生きていけるのは、徐々に整えられた身体の適応機能もさることながら、道具と技術、そして文化を手に入れたからにほかなりません。アフリカを旅立ったホモ・サピエンスの前に大きく立ちはだかったのは、二万年前のシベリアの氷雪でした。そこで旧石器人たちは、寒さをしのぐために毛皮をはおり、氷雪に耐える堅牢な住居を構築し、さらに歩みを進めます。そしてベーリング海峡を越えて、それまで無人の地であった新天地アメリカ大陸へと渡るのです。

***ブッシュマン**
「藪の民」あるいは「ブッシュの中で原始的な生活をしている人」という意味がある。これを避け、最近では「サン人」とも呼ばれるが、広大なカラハリの叢林に住む自由人という意味を込めブッシュマンを使用する現状もあり（田中 一九九四）本書もそれに従った。

シベリアのブレチ遺跡からは、マンモスのキバで作った旧石器の人物像が発見されていますが、それにはフード付きのパーカが表現されており、人びとが暖かな皮の衣類を身にまとい寒さをしのいでいた様子がうかがえます。

暖かな皮革製品をつくるための皮なめしの道具に〝掻器《そうき》〟があります。掻器の分布密度を列島の南北に追うと、かなり明瞭な違いが現れ、環境適応の地域差をよく示しています。

細石刃石器群の時期には、北海道では遺跡総数の六〇％が掻器を保有するのに対し、東北地方では五〇％、中部・関東では三〇～二〇％、近畿から九州の西日本では一〇％未満の遺跡に掻器が認められるだけです。ですから、日本列島においてもより高緯度地域では、掻器が充実して装備され、掻器を用いた皮革利用システムが機能し、寒冷な環境への技術適応として優れた防寒性を発揮する毛皮革《もうひかく》製品の製作に力が込められたことを物語っています。

彫刻刀のような刃をつけた彫刻刀形石器と呼ばれる石器も、掻器と同様、東日本には多くて、西日本にはきわめて少ないという傾向があります。使用痕分析において彫刻刀形石器の一部は、骨角等の加工に用いられたことが判明しており、骨角器等の製作の粗密においても東西差が生じていたことをうかがわせます。

これに対しより温暖な南九州などでは、磨石《すりいし》や台石・石皿などといった堅果類《ナッツ》加工具とみられる石器が充実して装備される傾向が強く、温帯林から採れる堅果類への依存の高さを示していきます。寒冷な環境のマーカーとなる掻器と比べ、より温暖な環境を反映した存在として興味深い石器です。

❽ 広郷型ナイフ形石器　平坦な加工がなされる北海道特有の石器。上白滝8遺跡

❾ 後期旧石器時代の石材産地と石器の地域性　ナイフ形石器と総称される特有な狩猟用刺突具には、それぞれ地域の石材が利用され、列島各地で特有な形態をみせる

⓫ 珪質頁岩　東北地方でおもに産出し、チョコレート色の割れ口を呈し、珪酸分の多い緻密な堆積岩。写真は山形県月山沢のもの

❿ 湧別技法　北海道〜東北地方にかけておもに分布するもので、入念な両面調整の原形を分割し、その端部から細石刃を剝離する技法。北海道幌加沢遺跡遠間地点

⓬ 黒曜石　火山ガラス。石器に最適な石材。写真は北海道白滝産のもの

15 旧石器時代の地域性

北緯24°から46°と南北に長い日本列島は、多様な自然環境をみせ、地域の地質によって異なる石材資源環境も生じていた。また、大陸の玄関口となる九州や北海道と本州中央部とでは、集団や文化拡散の状況も異なった。こうした諸条件によって、列島内の旧石器社会にもいくつかの地域性が生じていたことがわかる。

❶**台形石器**　九州に特徴的な石器。後期旧石器時代後半期に発達した。長崎県百花台東遺跡

❷**剥片尖頭器**　九州に特徴的な石器。朝鮮半島から伝わったものとされる。鹿児島県小牧3A遺跡

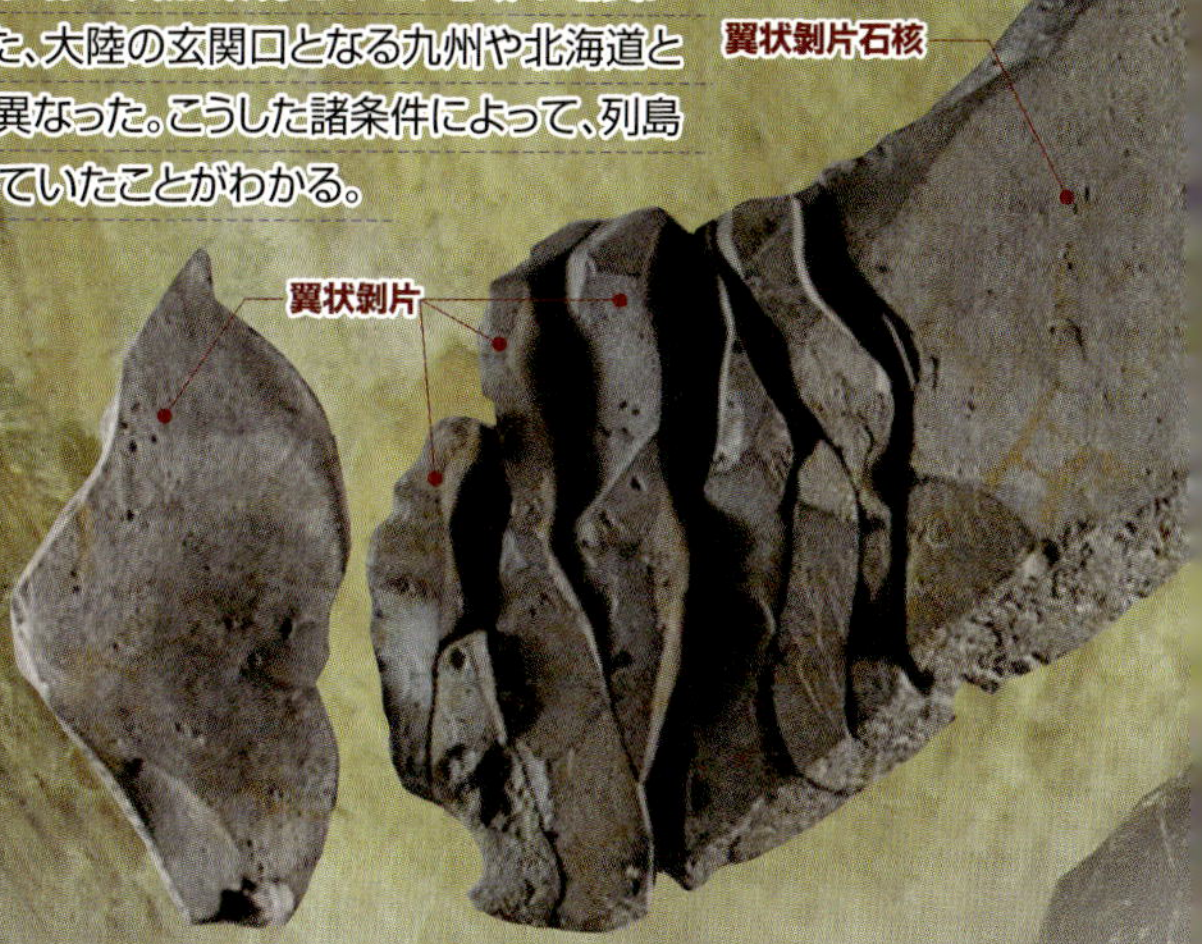

❸**瀬戸内技法**　近畿・瀬戸内地域に発達した技法。石核から刺身を切るように翼状剥片を剝がし、それを素材として国府型ナイフ形石器を作る。大阪府翠鳥園遺跡

❹**掻器**　皮なめし用の石器。長野県中ッ原5B地点遺跡。細石刃石器群にともなうもの

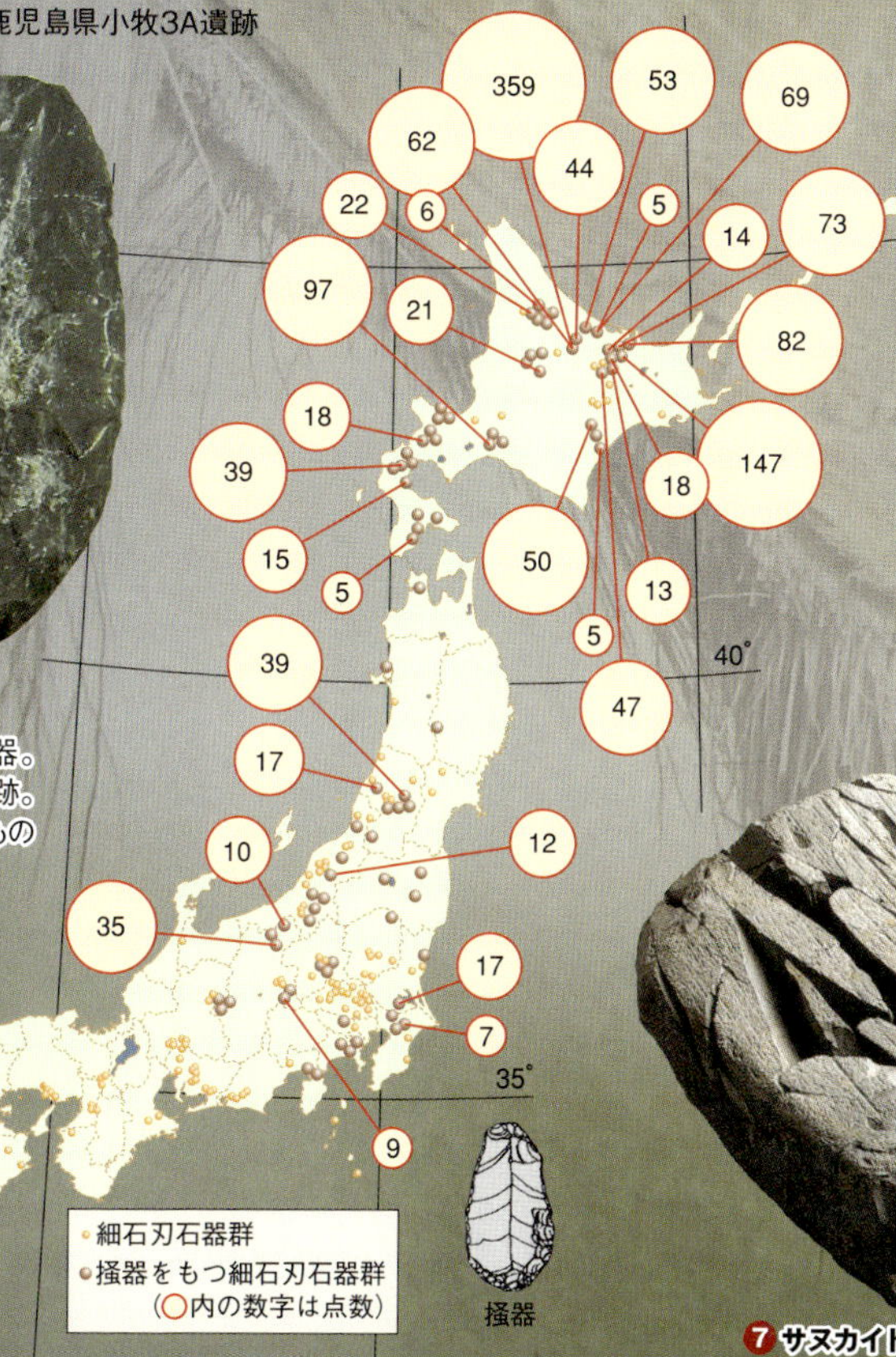

掻器

❺**細石刃石器群の掻器の分布**　高緯度地域ほど分布頻度が高く、寒冷な環境下において掻器を用いた皮革加工が盛んにおこなわれていたことを示す

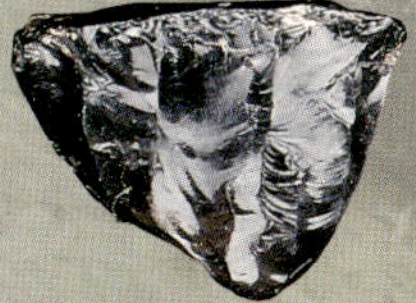

❻**矢出川技法**　中部地方以西におもに分布するもので、小形の角柱状の原形から細石刃を剥離する技法。長野県矢出川遺跡

❼**サヌカイト**　奈良県二上山や香川県五色台などで産出するガラス質の古銅輝石安山岩。大阪府翠鳥園遺跡

16 旧石器人は何を食べたか

私たちとは異なる人類であるネアンデルタール人は、出土人骨に残る**コラーゲンの同位体***分析結果では、肉食中心の食生活で、食物連鎖の最上位にあったことが明らかにされています。彼らはマンモスや毛サイなどの大型哺乳類を選択的に狩猟し、それらがより重要な食料資源だったという指摘がなされています。

これに対し、ヨーロッパのホモ・サピエンスであるクロマニヨン人は、肉食だけでなく淡水魚なども口に運ぶ多角的な食料採取をおこなっていたという推論があります。

たとえば、シベリアのホモ・サピエンスが残したマリタ遺跡では、マンモス（九体）・毛サイ（一一体）・トナカイ（四〇七体）・ヤギュウ（一体）・ウマ（二体）・北極ギツネ（五〇体）・オオカミ（一体）・グズリ（二体）・ライオン（一体）のほか、魚類の骨が出土しているといいます。トナカイに偏りながらも、他の動物や魚類の利用もうかがえます。

残念ながら、日本の後期旧石器時代のホモ・サピエンスたちが利用した食料についての手がかりはほとんどありません。遺跡からは、動植物遺体がきわめて稀にしか見つかりません

*コラーゲン同位体分析　骨の中のコラーゲンというタンパク質に残る炭素や窒素の同位体比を調べることにより、その食生活を復元する分析。

し、人骨の出土例がなくそのコラーゲン分析などができないこともあります。

北海道の柏台1遺跡の炉跡からは、シカ科の可能性がある焼けた骨片が、神奈川県の吉岡遺跡群ではイノシシの歯が見つかりました。シカやイノシシなどを食べていたという点では、縄文時代に近い状況があります。宮城県の富沢遺跡では、二万五〇〇〇年前のシカのフンがありました。富沢の旧石器人たちもシカをとっていたのでしょう。

旧石器時代というと一般にナウマンゾウやオオツノジカなど大型獣が思い起こされますが、これらがどの程度仕留められていたかは、具体的証拠に欠けています。最近では、大型獣の狩猟に疑問を呈す意見もあります。

植物質食料の手がかりもかなり限られています。新潟県荒屋《あらや》遺跡の住居跡や貯蔵穴から、オニグルミ・ミズキなどの種子が出土し、食用と考えられます。静岡県広野北遺跡の土坑からもオニグルミが出ています。このほか、チョウセンゴヨウやハシバミなどの実、ベリー類ではコケモモやクロマメノキ、ヒメウスノキなども食べたことが考えられます。ハシバミは熱を加えずともそのまま食べられ、栄養価も高くおいしいナッツです。

南九州などの遺跡では、ナッツ類をすり潰すための磨石が数多く出土します。木の実があまりとれない北方に比べ、より暖かい九州などでは、ナッツ類の利用が進んだことがうかがえます。最近では磨石に残るデンプン粒をさがし、どんな植物をすり潰していたのかを究明する試みも始まりました。

旧石器時代でも、地域の環境に応じた食生態の違いがあったことでしょう。

❼旧石器時代の食料となったと推定されるベリー類　長野県浅間山のもの

❽旧石器時代の食料となったと推定されるナッツ類　双方ともそのまま食べられる。八ヶ岳のもの

❾南九州の磨石　3万年前のもの。たたいたり、すったりしたキズが残る。手に持ってナッツを粉砕したのだろう。鹿児島県立切遺跡

❿南九州の石皿　ナッツを粉砕するのに用いた受け皿とみられる。鹿児島県加栗山遺跡

⓫土坑　新潟県荒屋遺跡から発掘された細石刃期のもの。貯蔵穴ともいわれ、オニグルミの炭化種実が検出された

⓬炭化種実　荒屋遺跡の細石刃石器群からはオニグルミ、ミズキ、サクラ属の炭化種実が見つかった。いずれも可食植物である。スケールは1mm

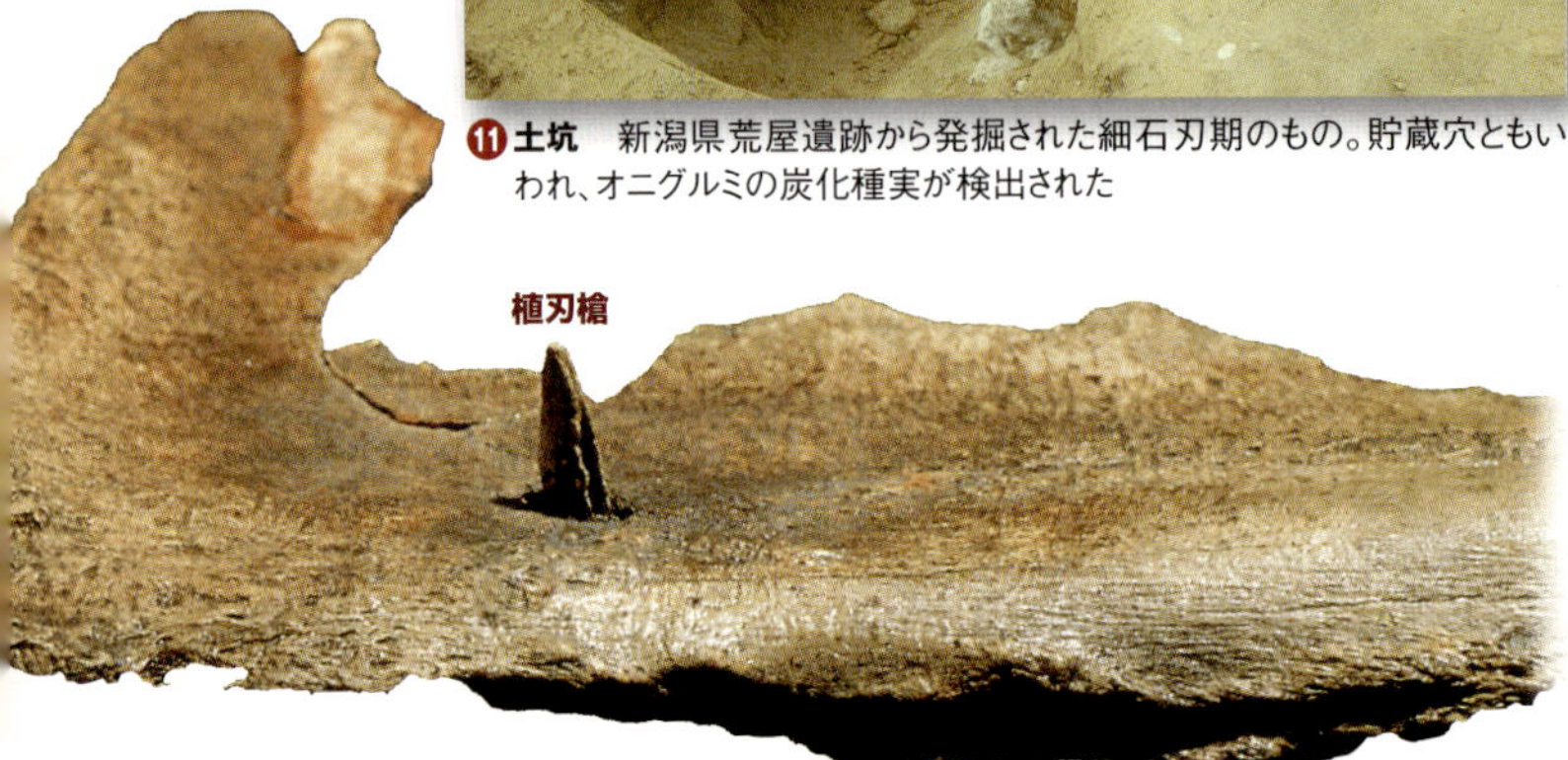

⓭ヤギュウの骨を貫いた細石刃植刃槍　勇気あるハンターが捕らえた獲物。シベリア・ココレヴォI遺跡

16 旧石器人の食性を知る証拠

旧石器人の食卓にはどんな食べ物が並んでいたのだろう。縄文時代ならば、貯蔵穴からはドングリやクリ、クルミが、貝塚からはたくさんの貝や魚類、動物の骨などが出土し、彼らの豊富なメニューを知ることができる。しかし、旧石器時代の食料についての手がかりは絶望的に少ない。当時の植物相や動物相、石器や礫群などをもとに推定するほかない。

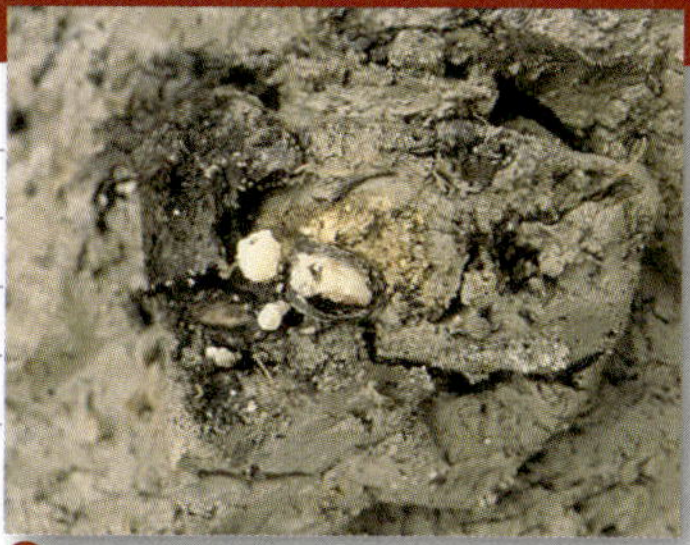

❶**チョウセンゴヨウの種子**　2万5000年前。宮城県富沢遺跡

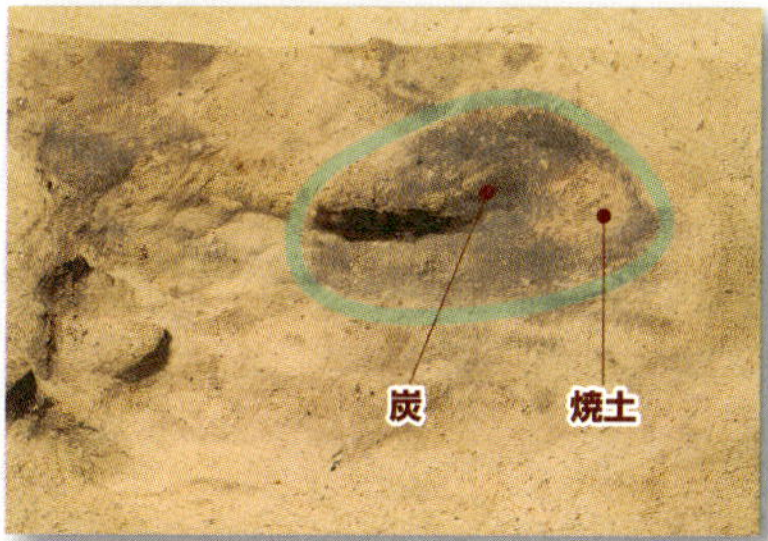

❷**炉跡**　北海道柏台1遺跡。黒い炭の中に所々赤い焼土が混じり、火を焚いたことがわかる

❸**炉跡から出た獣骨**　北海道柏台1遺跡の炉跡から見つかった。偶蹄目としかわからないが、旧石器人の食料だったらしい

❺**調理用施設といわれる礫群**　神奈川県吉岡遺跡群C地区

❹**礫群から出たイノシシの乳歯**　⑤の礫群から出土。調理したものなのだろうか。ただ、日本列島で発見されている膨大な数の礫群からは、こうした歯の出土例がこれ以外になく、慎重に扱う必要がある

❻**礫群の使用実験**　加熱した礫の中に、葉などで包んだ肉などを入れ、蒸し焼きにした。ほどよく加熱でき焦げることなく調理される

17 遊動生活

旧石器時代のライフスタイルの基本は移動することで、「遊動《ゆうどう》」ともいわれています。縄文時代以降のように、耐久性のある竪穴住居を構えて通年居住をせず、広範囲の遊動生活を繰り返していたとみられています。

一万カ所を超すという日本列島の旧石器時代遺跡において、確実な住居跡と考えられるものの発見例は田名向原《たなむかいはら》遺跡を筆頭に一〇例に満たないのですが、裏返せばこのことは、あまり立派な住居を構えず、すぐに家をたたんで遊動していたことを証明しているのでしょう。おそらく、近くにある細い木を円錐形に組んで、草や皮などで覆いをかけるテント式の住居を想像していいかもしれません。今日の例でいうと、シベリアのエベンク人のチュームと呼ばれるテントやイヌイットの皮張りのテントと同様なものを想定することが可能です。

長野県和田峠の黒曜石が、東京や埼玉・神奈川の武蔵野台地や相模野台地の旧石器遺跡からたくさん発見されています。たとえば、こうした黒曜石が人びとの手に携えられて直接運ばれたと考えると、旧石器時代の人びとは長野と南関東という一〇〇キロを超える地域を遊動していたということになります。

むろん人の手から人の手へリレー式に黒曜石が渡った可能性もありますので、単純に黒曜石の広がりを、人びとの遊動エリアと置き換えてしまうことには問題が残ります。

相模野台地のある藤沢市用田鳥居前《ようだとりいまえ》遺跡の石器と綾瀬市吉岡遺跡群B地区の石器が、二キロの距離を隔てて接合したことから、その関連性が証明され、両遺跡が遊動生活のプロセスを示すものであることがわかりました。しかし、それ以上のどれだけの距離を人びとが遊動していたのかの証明には至っていません。

ちなみに、先史狩猟民の日常の食料調達領域は、半径一〇キロ・徒歩二時間以内とする試算があります。また、アフリカの狩猟民セントラル・ブッシュマンの行動領域は半径五〇キロで、年間移動距離は平均三〇〇キロに達するという報告があります。ソリなどの移動手段をもつ北のトナカイ狩猟民は、もっと長距離を遊動しているようです。

離合集散《りごうしゅうさん》という言葉がありますが、この時代には集団がまとまってキャンプをしたり、分散して行動するような居住スタイルをとっていたとみられます。後期旧石器時代初頭の大きな環状キャンプなどは、集合時の様子をあらわしているのでしょう。

相模野台地の海老名市柏ケ谷長ヲサ遺跡では、石器ブロックが横並びに一〇〇メートルにわたって続いていました。このことは、帯状に延々と連なるキャンプが同時に設けられたことを示しているのではなく、何度も同じ場所に回帰してキャンプを設け、残したゴミなどを避けるためか以前とは微妙にテントの位置をずらした様子を示すものと考えられます。

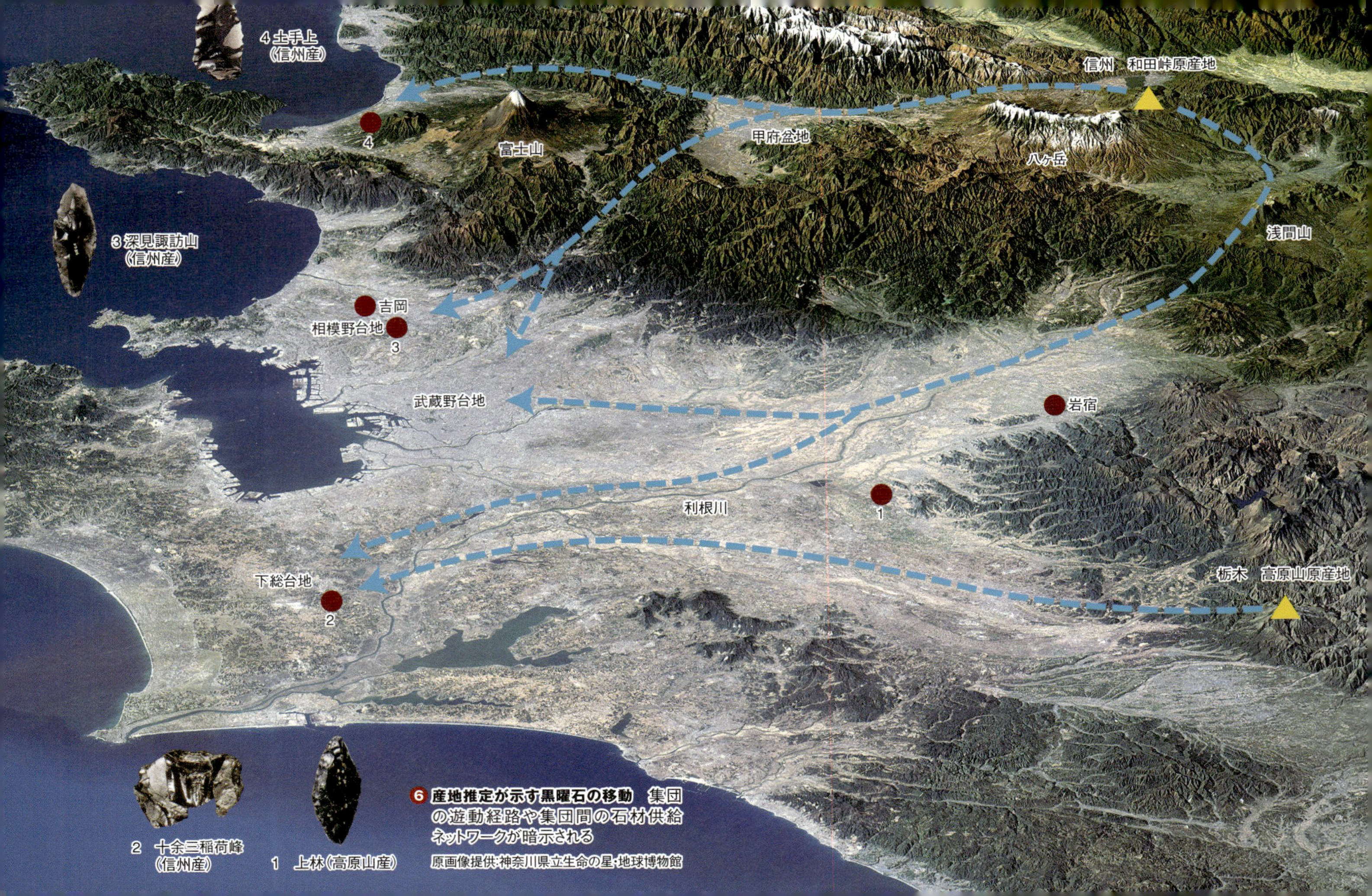

❻ **産地推定が示す黒曜石の移動**　集団の遊動経路や集団間の石材供給ネットワークが暗示される

原画像提供：神奈川県立生命の星・地球博物館

17 住居と遊動エリア

700万年にもおよぶという人類の長い営みの中で、定住生活はたかだか1万年前に始まったにすぎない。それまでは、1カ所に居所を定めない遊動生活が延々となされていた。日本の旧石器時代遺跡も、いずれも遊動生活の一コマの中で残されたものとみてよいだろう。住居跡とみられる遺構の発見例も数例にとどまることから、通常は痕跡すら残さないテント式の簡易な小屋をねぐらとしていたものと考えられる。

❶田名向原遺跡の住居状遺構　相模野台地で発見、柱穴・炉跡などが残る。国史跡として保存。神奈川県相模原市

❷旧石器時代の復元住居　木の骨組みに鹿皮をかぶせたもの。岩宿博物館による推定復元

❸石囲い炉　静岡県休場遺跡の細石刃文化期のもの。内部には赤く焼けた焼土が残る

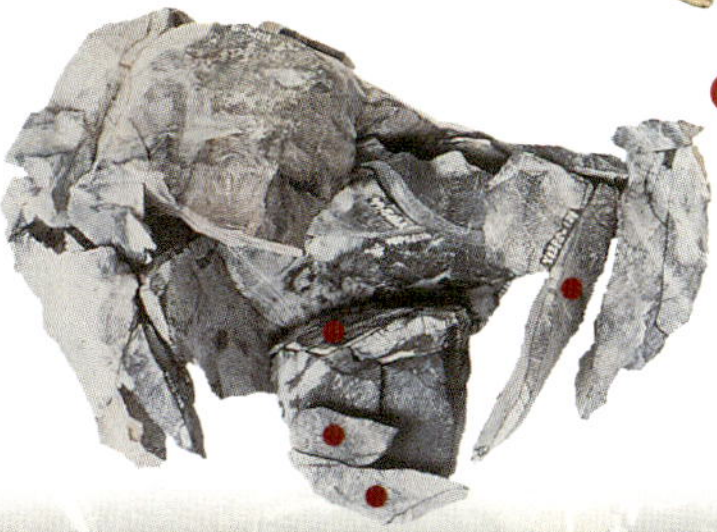

❹遺跡間の接合が語る人びとの遊動　2キロを隔てた吉岡遺跡群B地区と用田鳥居前遺跡の石器接合。●：用田鳥居前の石器。ほかは吉岡出土

❺吉岡遺跡群B地区と用田鳥居前遺跡の石器接合　相模野台地目久尻川沿いの両遺跡は2キロを隔てる。吉岡遺跡群をベースキャンプとした人びとが、狩りなどで出向いたのが用田鳥居前遺跡であったことが、両遺跡の石器接合関係からうかがえる

18

最古の海洋航海者

出された産地推定結果に私は驚きました。長野県野辺山高原の矢出川《やでがわ》遺跡の黒曜石製細石刃石核五点が神津島産だというのです。本州中央高地の矢出川遺跡と、太平洋沖に浮かぶ神津島とは二〇〇キロもの距離を隔てています。しかもその間には海が存在し、氷河期に一〇〇メートル以上海面が低下しても、神津島と本土とは陸続きにはなりません。

その結果に強い関心をもった私は、蛍光X線分析で黒曜石の産地推定を進めている考古化学者の望月明彦先生と組んで、矢出川遺跡の黒曜石細石刃石核の産地推定を徹底的に進めました。結果、黒曜石細石刃石核類四五一点のうち、三分の一にあたる一五七点が神津島産黒曜石であることが判明したのです。他の多くは地元信州産の黒曜石でした。

一九七〇年代、鈴木正男博士はいち早く南関東の旧石器遺跡の産地推定を試みて神津島産黒曜石の存在を確認し、その石が海を渡ったと考えました。その後神津島産黒曜石は、南関東や静岡の遺跡でも確認され続け、もはやその持ち込みに疑義を挟めなくなりました。

もちろん石がひとりでに海を渡るはずはないので、旧石器人が舟を使って運び出したとしか考えられません。しかしどんな舟なのでしょうか。

縄文の遺跡からは、斧で丸太をくり貫いた丸木舟が出土します。この舟で物資を輸送したことがわかります。しかし、旧石器時代の舟は未発見です。また、後期旧石器時代の後半期には斧などの木工具が不在で、丸太をくり貫くことができたかどうかは疑問です。

ベーリング海のアリュート人のハンターたちは、動物の皮を張ったシーカヤックを作り、波しぶきの散る海へと漕ぎ出します。これなら斧などがなくとも製作は可能です。動物の骨や木の枝などで骨格を組み、掻器でなめした皮などを貼れば大丈夫です。

神津島産の黒曜石は、細石刃の遺跡のみならず、四万年前の後期旧石器時代初頭の遺跡からもたくさん発見されています。つまり、日本列島にやってきたホモ・サピエンスたちは、その当初から航海技術を身につけていたということになります。

そうした彼らは、東南アジアから黒潮に乗って、台湾・琉球・九州や本州沿岸部にたどり着いた「最古の海洋航海者」であったと小田静夫博士は仮説を立てています。また、後期旧石器時代初頭にはたくさんの石斧が見つかっており、当初はこうした斧を用いて舟が作られたのではないかと、使用痕研究の山田しょう博士は考えます。

偉大なる旅《グレート・ジャーニー》といわれるホモ・サピエンスの拡散は、日本列島だけでなく、五万年前のオーストラリア大陸にもおよび、アボリジニの遠い祖先となりました。この時も大陸は海と隔てられていたため、舟がなければ渡ることができませんでした。勇気ある最古の航海者は、いったいどのように舟を繰って、海原を越えたのでしょう。

❷神津島産の黒曜石でできた石斧
神津島産黒曜石の最古の使用例。東京都武蔵台遺跡出土

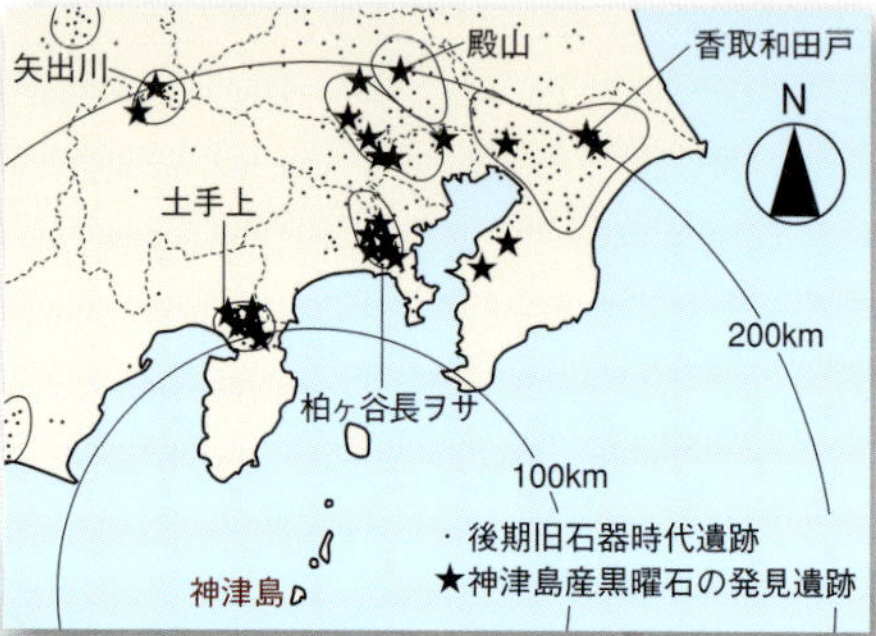

❸神津島産黒曜石が使われた旧石器遺跡
沿岸部を中心におよそ200km圏内での使用が認められる

❹勇気ある最古の航海者　太平洋上の神津島産の黒曜石獲得の様子。当時は今よりかなり海面が低下していた。彼らが目指す先には、伊豆半島の姿が見えたことだろう。原案:堤隆、画:山本耀也、国立科学博物館日本館展示復元画

18 海の黒曜石の獲得

後期旧石器人が、勇気ある最古の航海者であった証拠がいくつか見つかっている。本州では氷期の当時にあっても海を隔てた神津島産の黒曜石が発見されており、必然的に彼らが舟を繰って採取に赴いたことがうかがえる。また沖縄で見つかっている旧石器人類は、舟なしには島に渡ってこれなかった。舟の出土がないので想像でしかないが、彼らが使っていたのは革張りのシーカヤックのようなものだったのかもしれない。

❶ **神津島恩馳島**　良質な黒曜石原産地

19 ホモ・サピエンスの美学

人間とは何か。こうした問いかけに、さまざまな答え方ができますが、とくに私たちホモ・サピエンスには「芸術家」という称号がぴったりでしょう。私たちとは異なる人間であるネアンデルタール人にも芸術の芽生えはみられ、動物の歯に穴を開けたペンダントなどは持ったようですが、創造性豊かな絵を描いたりするまでには至らなかったようです。

ホモ・サピエンスはすでに七万五〇〇〇年前から絵を描いていた証拠があります。南アフリカのブロンボス洞窟からは、幾何学的な模様が描かれたオーカー（顔料石）が見つかり、胸元の装飾品である貝殻のビーズなども発見されています。

およそ四万年前の後期旧石器人たちは、フランスのショーヴェ洞窟のキャンバスともいえる壁面に思い切り動物たちを描きました。サイ、マンモス、ヒョウなど描かれた動物は、二〇世紀キュービズムのピカソの出現をまたなくとも、その立体感は完成され、いまにも動き出しそうです。また、ドイツのガイセンクレステレ遺跡などからは骨製のフルートが見つかっており、後期旧石器人たちが音楽を奏でていたこともわかります。

日本列島を駆け抜けた後期旧石器人たちも、芸術を愛でた人たちだったのでしょうか。残念ながら、フランスのように洞窟の発達しない日本では、洞窟のキャンバスに絵が描かれることはありませんでした。ただ、千葉県上引切《かみひききり》遺跡で発見されている礫に刻まれた幾何学的な文様などが、芸術の手がかりを与えてくれています。

装飾品であるビーズは、北海道のピリカ遺跡や湯の里4遺跡、柏台1遺跡で発見されています。焼成された針鉄鉱など赤色顔料も柏台1遺跡で見つかり、赤という象徴的な色が何かに塗られたことがわかります。湯の里4では赤色土が墓とみられる場所にまかれていました。コケシと通称される大分県岩戸遺跡の岩偶は、シンボルとして用いられたのかもしれません。静岡県富士石遺跡から出土したペンダントには、一四の切れ込みがあり、ひとつひとつの数を記憶として刻み込んだ可能性があります。

シンボルをもったり、芸術をおこなうという象徴的行為は、生命の維持といった生物学的観点からは、かくべつ人類に必要ないものです。本来、十字架というシンボルや絵・彫刻がなくとも、食料さえあればヒトは生きていけます。だからヒト以外の動物が、芸術のようないわば無駄な行為をすることはありません。

しかし生物学的には無意味とも思えるこの行為にこそ、私たちがホモ・サピエンスである証しがあります。シンボルや芸術は、文化的な装置として生命や社会の維持を担います。それらの放つメッセージは人びとに共有されます。ピカソのゲルニカという絵を見て、私たちはその背後にあるナチズムの残酷さを暗に読み取ることができるように。

❼**墓とみられる遺構**　北海道湯の里4遺跡。楕円形の穴の中に赤土がまかれ、玉類が出土した

❾**玉**　北海道湯の里4遺跡の墓とみられる穴より出土した。国重要文化財。左下1点は複製

❽**顔料石とそれを擦った台石**　赤色顔料と黒色顔料がみられた。北海道柏台1遺跡

❿**玉**　かんらん岩。穴は2～3mm。金属の錐などない時代、どうやって穴を開けたのか。国重要文化財。北海道ピリカ遺跡

⓫**ペンダント**　岩手県峠山牧場I遺跡。左のものは、女性器の表現か、穴がないのでたすき掛けに紐をまわし、ぶら下げたものだろう

⓬**コハク玉**

北海道柏台1遺跡。実物は外径約10mm。2万年の時が剝落を進行させている

ピカソも驚くような旧石器時代の洞窟美術がフランスからスペインにかけて残されている。旧石器人たちは絵を描くばかりではなく、身体をアクセサリーで飾ったり、音楽も愛したらしい。日本では、壁画は見つかっておらず、装飾品やシンボルの発見がいくつかあるのみである。一方で、副葬品のある墓らしきものも確認され、死者を悼む行為もなされたことがわかる。

❶**アルタミラ洞窟のバイソン** 4本の足や角が遠近法で描かれ、きわめて残りがよい。スペイン
©Pedro Saura

❷**骨製フルート** 3万7000年前のもの。どんな曲を奏でたのだろうか。ドイツ・ガイセンクレステレ遺跡
Photo: Hilde Jensen
©University of Tübingen

❸**雌ヤギの彫られた骨製品** スペイン・ラ・ガルマ洞窟出土。壁画と違って持ち運び自由なポータブル・アート
©Takeo Fukazawa
/Texnai

❹**石製ペンダント** 14の刻みが側面に付けられる。何らかの記録行為か。静岡県富士石遺跡

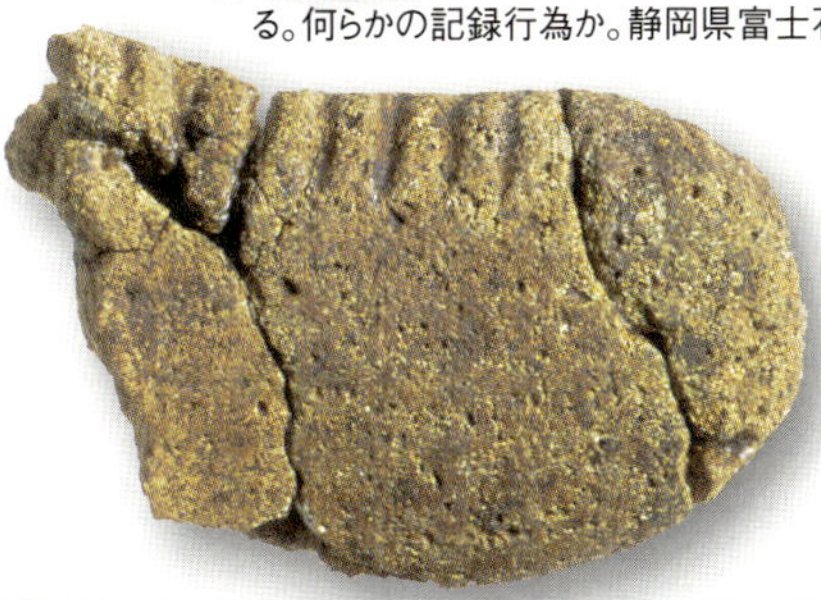

❺**刻みのある石製品** 片側に9条、もう片側に4条の刻みが残されている。北海道柏台1遺跡。たてがみのある動物表現とする見方も。約2万年前のもの

❻**線刻画** 千葉県上引切遺跡の2万年前のもの。手のひらの表現だとする説も。鋭い石片で線を刻んだのだろう

20 旧石器時代の人びとと社会

氷期の日本列島を生き抜いた旧石器人は、万という時を隔てた遠い人類だったのでしょうか。決してそうではありません、彼らはホモ・サピエンスという私たち自身でもあるからです。今生き残っている唯一の人類である私たちホモ・サピエンスは、「現生人類」とか「現代人」などといわれますが、「現代人的行動」をなすことが大きな特徴です。その大きな要素のひとつが「象徴的思考」です。

静岡県富士石遺跡、ここから発掘されたペンダントが列島の旧石器人の象徴的思考を伝えてくれています。前項でも触れた白い石のペンダントには一四の刻みが付けられています。刻まれたナンバーは何かの記憶ともみられます。記憶を脳にとどめず、外部の媒体に刻み付けるという行為こそ、象徴的思考にほかなりません。また、ペンダントそれ自身が象徴的存在でもあったのでしょう。カルティエのダイヤが女優の胸元を飾るように、この装飾品もかなりシンボリックに映ったに違いありません。記号を刻む行為のほか、言語の使用も重要な象徴的思考のひとつと考えられています。

ヨーロッパの旧石器人たちは、洞窟のキャンバスいっぱいに絵を描くという才能をみせましたが、日本列島ではそれとは異なるユニークな現代人的行動がみられました。局部磨製石斧というツールの発明、環状キャンプの形成、陥し穴猟の技術開発などです。また、黒曜石資源などの開発や供給も現代人的行動として理解されます。

環状キャンプでは、五〇人を超すような人間が集結し、社会集団が作られる場合があったことがわかります。人びとの輪によって、情報が共有され、協働がなされ、安全が保障され、連帯感が高められたことでしょう。また、遊動生活の中で小集団が集まって大集団を形成したり、ふたたび分離したりするような離合集散の行動戦略がとられていました。人びとは刃を研いだ切れ味のいい斧を持って、原野の木々を切り払いました。

陥し穴猟の技術開発は、槍によるハンティングの不確実性と獲物の追跡のための時間の浪費を見直す画期的な狩猟システムでしたが、その採用の時期と地域は限られ、普遍化することはなかったようです。なぜでしょうか。

黒曜石やサヌカイトなどの主要石材が広域に供給される現象をみると、資源に関する情報ネットワークが緊密に張りめぐらされ、その補給がなされていたこともうかがえます。そうした情報ネットワークは、いくつかの社会集団の婚姻関係によって結ばれていたとされます。「岩宿の発見」から半世紀以上、今日では一万カ所以上もの後期旧石器時代遺跡が、北海道から沖縄におよぶ日本列島の各地から発見されています。それらの遺跡は今後、どんな旧石器人たちの素顔を私たちに垣間見せてくれるのでしょうか。

白滝のムラ　北海道白滝黒曜石原産地遺跡の復元画。原案:堤隆、画:山本耀也、国立科学博物館日本館展示復元画

20 旧石器時代の原風景

黒曜石を獲得・搬出する人びとのムラ。針葉樹と草原の植生。ヘラジカ、マンモス、ヤギュウ。遠方には黒曜石のヤマが見える。

「前・中期旧石器遺跡捏造事件」

■発覚

目を疑うようなスクープが二〇〇〇年一一月五日、毎日新聞の朝刊トップを埋めた。「前・中期旧石器遺跡捏造事件」の震撼が、日本中へと広がった瞬間だった。

「神の手」の異名をもつ男は、縄文遺跡などから採集してきた新しい石器をポケットにしのばせ、後期旧石器をさかのぼる四万年前以前から、発覚直前にいたっては七〇万年前といった古い火山灰層の中にひそかに埋め込んだ。

男はその後、大勢の目の前で自ら埋めた石器を掘り出し、たった今発見したかのようによそおった。まさに自作自演の捏造行為である。「神の手」とは「悪魔の手」に他ならなかった。

その「発見」に疑いを抱き続けてきた研究者の助言をもとに、宮城県上高森で張り込みを続けた記者が、捏造の瞬間を押さえたのだった。

男は、自ら遺跡発掘に積極的関与をするようになった七〇年代、すなわち四半世紀も前から捏造を繰り返していた。関与したすべての場所が汚染されたらしく、捏造は二〇〇カ所近くにおよんだ。宮城県の座散乱木《ざざらぎ》、馬場《ばば》壇《だん》、上高森《かみたかもり》、福島県一斗内松葉山《いっとうちまつばやま》、埼玉県小鹿坂《おがさか》、北海道総進《そうしん》不動坂《ふどうざか》などが捏造現場となった。捏造が暴かれる直前までこれらの「遺跡」は、列島の人類史を一〇万年単位でさかのぼらせる発見として、新聞のトップを飾ることもしばしばだった。

旧石器研究は、捏造事件によって失墜した。日本考古学最大の汚点である「前・中期旧石器遺跡捏造事件」について、最後にふれておくことにしたい。

■捏造の温床

「最古探し」に必死の考古学研究において、迷いもなく研究者は虚偽の海に泳がされた。そのなれあいで無批判な体質、発見やロマンという名の危うい罠、検証されずに流し続けられる考古学的ニュースなど、背後にある脆弱な構造も炙り出された。一方で、捏造とは知らず、「発見」を許容してしまった理由が別にある。

捏造行為がなされる以前、日本列島において四万年前以前、いいかえると後期旧石器時代以前に人類がいたかどうか、学会を二分する大論争があった。「前期旧石器論争」である。

肯定派は、「珪岩製石器」と呼ばれるある種の資料(03項参照)をとらえて、それを四万年前をさかのぼる「石器」だといい、否定派は単なる自然の産物、つまり「石ころ」に過ぎないとつっぱねた。いずれにせよそれらに残された剝離は、人為なのか、自然の営為によるものなのかの判断が二分される難しい資料であった。

宮城県座散乱木での「石器の発見」は、その論争に終止符を打った。誰もが石器と認める資料が、四万年以上前の地層から「発見」されたからである。この行為はまったく遺跡ではない場所に石器を埋め込むという「遺跡捏造」であったが、埋め込まれた石器自体は捏造品ではなく本物だった。ただし、それは旧石器時代以降のまったく新しいものであったが、誰もが石器と認める迷うことない形をしていた。

考古学界は「前期旧石器論争」の行きづまりから、人工品として疑いようのないしっかりした石器の出土を研究者は必然的に求めていた。しかもこの資料は、年代の明らかな古い火山灰層の下から発見されている。「層位は型式に優先する」という言葉がある。どのようなかたちのものであろうと、出土した地層がその時代を決めるという認識である。前期旧石器は未知なるものであるがゆえ、捏造など考えもおよばず、その地層の年代をもって石器を認めてしまった。それ以後、不正行為は繰り返された。

男が愉快犯だったのか、名誉欲の持ち主だったのか、精神的に病んでいたのか、そんなことはどうでもいい。捏造は起きてしまったのだ。そして、それを許してきた考古学界の体質こそ問題なのだろう。

私自身、発覚以前に、この「発見」を疑問視する声を直接聞いたことがある。かねてより疑いを抱き続け、捏造を発覚へと追い込んだ考古学研究者竹岡俊樹との会話の中でである。ただ、新聞やテレビを連れ出して目の前で石器を掘り出し、日本中にニュースとして発信されるような大胆な捏造行為が、間違ってもなされるとは思わなかった。愚かだったというほかあるまい。

■四万年前をさかのぼる可能性

捏造事件後、日本考古学協会では「前・中期旧石器問題調査研究特別委員会」が組織され、三年間の検証がなされ、男が関与した遺跡や石器のすべてについて「学術資料として扱うことは不可能」との見解が示された。

また、猛省を伴ってその後の旧石器遺跡調査方法の改善もなされた。発掘調査は、ある意味で破壊行為であり、一度掘ってしまうと再現不可能となる。しかしその後は、発掘調査を追検証できるようなより精緻な記録化、不正を見逃さないような第三者の立会いによる石器取り上げなどもなされ、発掘調査の透明性・公開性が高められた。そうした調査方法は、長野県竹佐中原遺跡の発掘調査などで実践された。

一方、マスコミの考古学報道は、事件後も静まることはなかった。ニュースとは世間の注目を集める行為でもあるのだから、仕方ないことなのだろう。一方で受け手にも情報を評価・識別する、メディア・リテラシーが要求されているといえる。

考えてみると、捏造や虚偽は世間に溢れかえっている。食品産地偽装や政治資金の虚偽報告、生命科学ではノーベル賞にも値するというES細胞作製に関する報告がソウル大教授による捏造であると伝えられたのは少し前だ。「捏造はあってはならない」が、むしろ「いつでも起こりうる」と考えていたほうが現実的だ。

男が関与した前・中期旧石器遺跡とされるものは、すべて潰えた。一方で、男と関係のない数万年の古さをもつという星野や早水台の出土品については、私自身は自然石であり石器とは考えていない。また、最近の竹佐中原遺跡や金取遺跡などは、間違いない石器であるが、その年代には検討の余地が残る。すなわち、四万年前を超える古さの遺跡で、万人を納得させるものは、現状では皆無といえる。
　四万年前をさかのぼる古い遺跡が日本列島に残されたとすれば、アフリカからの拡散の時間的スケールから推し量ってもホモ・サピエンスのものではありえず、それ以前の形質をもつ人類のものということになる。前タイプの人類の生存個体数や、日本列島への渡来を阻んだ海峡の存在、逆に陸橋の成立の限定性を思うにつけても、私はその存在を積極的に考えることはできない。
　昨今、「最古探し」の兆しが再び見え隠れしているかのようであるが、私には捏造のトラウマがいまだ激しく、やや冷めた眼差しでその動静を見ずにはおれない。

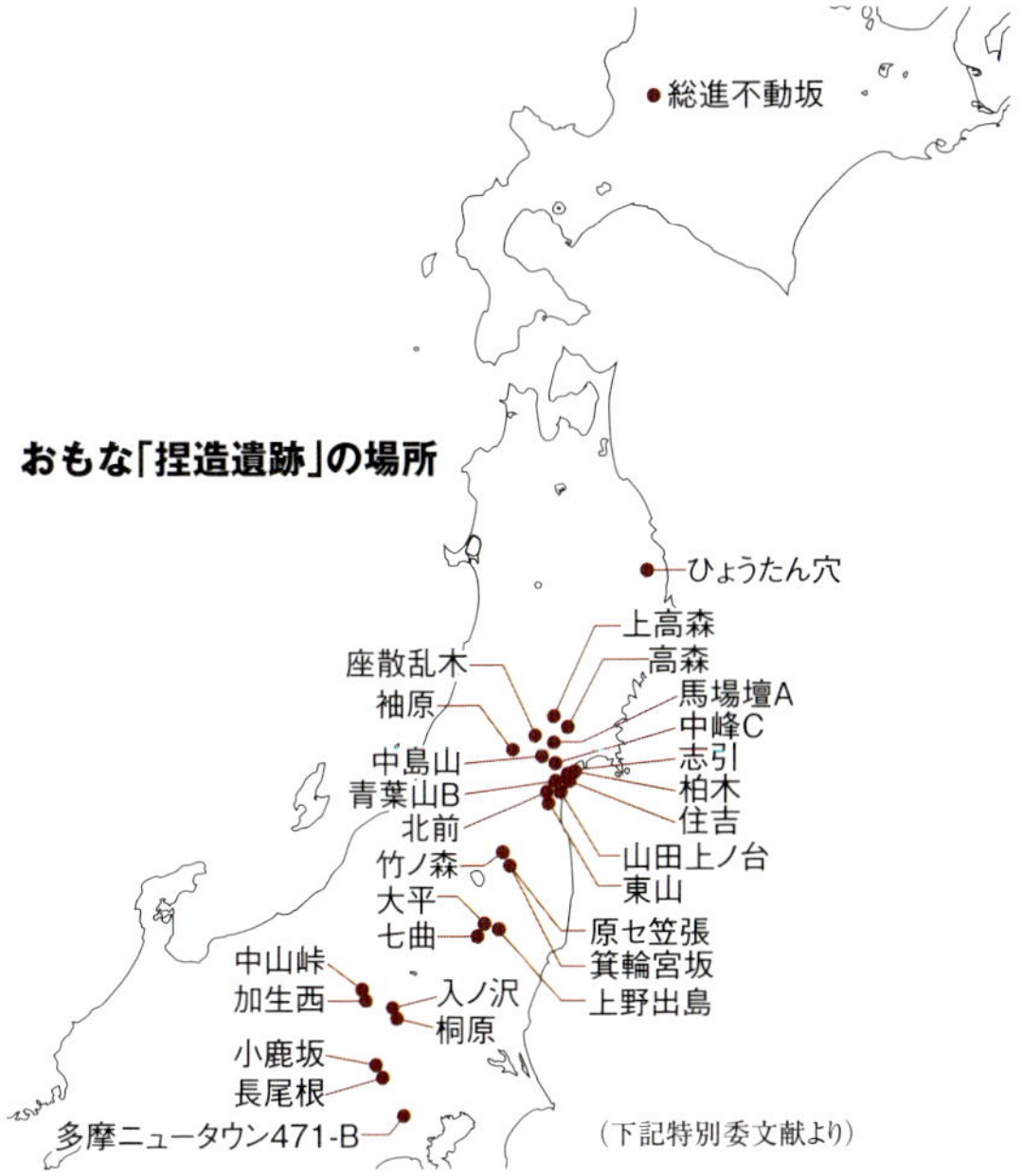

おもな「捏造遺跡」の場所
（下記特別委文献より）

捏造事件を記録したおもな書籍

前・中期旧石器問題調査研究特別委員会編『前・中期旧石器問題の検証』、２００３年
（日本考古学協会特別委員会の六〇〇ページにおよぶ事件の調査・検証の総括報告書）

毎日新聞旧石器遺跡取材班『発掘捏造』新潮文庫版 ２００３年
毎日新聞旧石器遺跡取材班『古代史捏造』新潮文庫版 ２００３年
（捏造がなぜ起きたか、考古学界の体質、報道のあり方を検証。前者は捏造事件発覚まで、後者はその後の影響などをまとめた）

河合信和『旧石器遺跡捏造』文春新書 ２００３年
（捏造遺跡や石器などの科学的検証を詳細にたどり、事件の全容を明らかにする）

■**明治大学博物館**（東京都）

国重要文化財の岩宿遺跡や砂川遺跡の石器をはじめ、茂呂遺跡、矢出川遺跡、白滝服部台遺跡など、明治大学が手がけた日本を代表する旧石器遺跡の資料が一堂に展示される。

住所：東京都千代田区神田駿河台1-1　アカデミーコモン地階　電話：03-3296-4448

http://www.meiji.ac.jp/museum/

□**史跡田名向原遺跡公園**（神奈川県）

国史跡で、旧石器時代の住居状遺構の復元展示施設。川原石で囲まれた直径10mの範囲には12カ所の柱穴や焚き火跡があり、石器約3000点が出土。出土石器を展示する学習館も併設。

住所：神奈川県相模原市中央区田名塩田3-313-3

http://www.city.sagamihara.kanagawa.jp/kyouiku/bunkazai/list/kuni_shitei/004774.html

■**黒耀石体験ミュージアム**（長野県）

和田峠黒曜石原産地群の一角、星糞峠にある。周囲の鷹山遺跡群の旧石器を展示。星糞峠は縄文時代の黒曜石鉱山として国史跡となっている。石器作り体験も常時できる。

住所：長野県小県郡長和町大門3670-3　電話：0268-41-8050

http://www.hoshikuso.jp/

□**矢出川遺跡**（長野県）

長野県野辺山高原の標高1340mにある国史跡。JR小海線野辺山駅から徒歩20分。駅前には矢出川遺跡の細石刃を展示した南牧村美術民俗資料館もある。高原の空気が清々しい。

住所：長野県南佐久郡南牧村野辺山　http://www.avis.ne.jp/~tsutsumi/

■**二上山博物館**（奈良県）

サヌカイト原産地の二上山をテーマとした博物館。瀬戸内技法関連の石器のほか、サヌカイト採掘をジオラマで復元している。北海道から九州までの代表的石器も展示。

住所：奈良県香芝市藤山1-17-17（香芝市ふたかみ文化センター内）　電話：0745-77-1700

http://www.city.kashiba.lg.jp/life/shisetsu/hakubutsukan/

□**翠鳥園遺跡公園**（大阪府）

旧石器時代の石器製作アトリエ。膨大な数のサヌカイトが残る石器製作跡が生々しく出土。学習解説施設では解説ビデオを上映、石器製作跡の野外展示もある。

住所：大阪府羽曳野市翠鳥園

http://www.city.habikino.lg.jp/10kakuka/34shakaikyoiku/03bunkazai/04isekishokai/12iseki/t_p_suichouen.html

□**福井洞窟**（長崎県）

後期旧石器時代から縄文草創期の文化層が連続して検出、土器と細石刃が供伴した国史跡。県道40号線沿いの稲荷神社敷地内で「福井洞窟」の看板が目印。

住所：長崎県佐世保市吉井町福井

http://homepage3.nifty.com/tmizuno/kyuusekki_isekivisit/fukuidoukutsu.html

■**西都原考古博物館**（宮崎県）

特別史跡西都原古墳群の中にあり、宮崎県内の旧石器を展示する。考古博物館としてはきわめて大規模で、縄文・弥生から、中心となる古墳時代まで演出を凝らした展示が楽しめる。

住所：宮崎県西都市大字三宅5670　電話：0983-41-0041

http://saito-muse.pref.miyazaki.jp/

■**沖縄県立博物館・美術館**（沖縄県）

港川から出土した1号から4号の旧石器人骨をはじめ、山下町洞穴、ピンザアブ洞穴など沖縄諸島から発見された旧石器人骨の複製を展示。復元された港川人はリアル。

住所：沖縄県那覇市おもろまち3-1-1　電話：098-941-8200

http://www.museums.pref.okinawa.jp/museum/index.jsp

一度は訪ねたい旧石器遺跡・博物館

■遠軽町埋蔵文化財センター（北海道）
国重要文化財の膨大な旧石器資料「白滝遺跡群出土品」と遠軽町の考古学研究者故遠間栄治氏のコレクションを展示。国史跡白滝遺跡群や旧石器時代の暮らしも解説。
住所：北海道紋別郡遠軽町白滝138-1　電話：0158-48-2213
http://engaru.jp/geo/geomuseumtop.html

□白滝遺跡群（北海道）
白滝黒曜石原産地にある国史跡を含む遺跡群。湧別川沿いのJR石北本線上白滝駅から白滝駅にかけて旧石器遺跡100カ所以上が連綿と続く。黒曜石搬出の拠点となった遺跡群。
住所：北海道紋別郡遠軽町白滝

■ピリカ旧石器文化館（北海道）
国史跡ピリカ遺跡の脇に立つ。重要文化財となったピリカ遺跡の旧石器などを展示している。発見状況を示す石器製作跡の展示施設が別にある。石器作りセミナーも好評。
住所：北海道瀬棚郡今金町字今金48-1　電話：0137-82-3488
http://www.town.imakane.lg.jp/pirikan/top.html

■仙台市富沢遺跡保存館―地底の森ミュージアム―（宮城県）
２万年前の森をなす木株のひとつひとつを保存処理した地下展示は圧巻。そこから出た植物化石や石器などを展示、氷期の古環境などもよくわかる。
住所：宮城県仙台市太白区長町南４丁目３-１　電話：022-246-9153
http://www.city.sendai.jp/kyouiku/chiteinomori/

□岩宿遺跡（群馬県）
1949年に初めて旧石器の発掘がおこなわれた遺跡で国史跡。A地点、ガイダンス施設としての岩宿ドーム（史跡岩宿遺跡遺構保護観察施設）ではローム層が観察でき、映像も上映される。
住所：群馬県みどり市笠懸町阿左美
http://www.city.midori.gunma.jp/iwajuku/index.html

■岩宿博物館（群馬県）
旧石器研究の幕開けとなった国史跡岩宿遺跡に隣接した博物館。岩宿はもとより国内の旧石器の展示が充実している。
住所：群馬県みどり市笠懸町阿左美1790-1　電話：0277-76-1701
http://www.city.midori.gunma.jp/iwajuku/index.html

■相澤忠洋記念館（群馬県）
岩宿を発見した相沢忠洋さんの業績を紹介。遺跡を回った愛用の自転車や、岩宿発掘のきっかけになった尖頭器ほか、自ら調査した赤城山麓の遺跡資料が展示されている。
住所：群馬県桐生市新里町奥沢537　電話：0277-74-3342
http://www.interq.or.jp/gold/waki/aizawa/

■野尻湖ナウマンゾウ博物館（長野県）
ナウマンゾウの湖で知られる野尻湖畔にあり、多数のナウマンゾウ化石を展示。また、それらの骨を素材とした骨器とされる資料もある。周辺の後期旧石器の展示も充実。
住所：長野県上水内郡信濃町大字野尻287-5　電話：026-258-2090
http://www.avis.ne.jp/~nojiriko/index.html

■国立科学博物館（東京都）
人類進化の様子を、豊富な人類化石や遺物で解説。ホモ・サピエンスの地球上への拡散を文化や芸術の展開とともにたどることができる。ネアンデルタール人にも出会える。
住所：東京都台東区上野公園7-20　電話：03-5777-8600
http://www.kahaku.go.jp/index.php

一度は訪ねたい旧石器遺跡・博物館

旧石器の総合情報はこちらのサイトへ

■「八ケ岳旧石器通信」
堤隆が管理・運営する旧石器の情報サイト。
国内の旧石器研究の動向がわかる。
http://www.avis.ne.jp/~tsutsumi/

■「八ケ岳だより」
日々の旧石器ブログ。細かな情報をチェック。
http://tsutsumi.blog.so-net.ne.jp/

おもな引用・参考文献

参照した項

相沢忠洋 1986『**岩宿の発見―幻の旧石器を求めて―**』講談社学術文庫 講談社 ――01
出居博編 2004『**上林遺跡**』佐野市教育委員会 ――13
稲田孝司 2001『**遊動する旧石器人**』岩波書店 ――12・13・14・17
大竹憲昭編 2005『**長野県竹佐中原遺跡における旧石器時代の石器文化**』長野県埋蔵文化財センター ――03
大沼克彦 2002『**文化としての石器づくり**』学生社 ――09
小田静夫 2003『**日本の旧石器文化**』同成社 ――11・18
小野有吾・五十嵐八枝子 1991『**北海道の自然史**』北海道大学図書刊行会 ――05
海部陽介 2005『**人類がたどってきた道**』NHK ブックス 1028 NHK 出版――02・04・19
加藤晋平・鶴丸俊明 1991『**図録石器入門辞典―先土器―**』柏書房 ――07・08・09
木村英明 1997『**シベリアの旧石器文化**』北海道大学図書刊行会 ――16
旧石器文化談話会編 2007『**旧石器考古学辞典―三訂版―**』学生社 ――08
国立科学博物館編 2001『**日本人はるかな旅**』展示図録 NHK プロモーション――02・04
佐藤宏之編 2007『**ゼミナール旧石器考古学**』同成社 ――08
篠田謙一 2007『**日本人になった祖先たち**』NHK ブックス 1078 NHK 出版 ――02・04
鈴木忠司 2008「岩宿時代の植物質食料」『**旧石器研究**』4 日本旧石器学会 ――16
芹沢長介編 1966・68・70『**星野遺跡**』ニュー・サイエンス社 ――03
芹沢長介 2003「特集：前期旧石器研究 40 年」『**考古学ジャーナル**』503 ニュー・サイエンス社 ――03
仙台市富沢遺跡保存館 1996『**地底の森ミュージアム常設展示案内**』 ――05・16
高橋啓一 2007「日本列島の鮮新・更新世における陸生哺乳動物相の形成過程」『**旧石器研究**』3 日本旧石器学会 ――06
竹岡俊樹 1989『**石器研究法**』言叢社 ――08・09
田中二郎 1994『**最後の狩猟採集民―歴史の流れとブッシュマン―**』どうぶつ社 ――15
谷和隆編 2000『**日向林 B 遺跡・日向林 A 遺跡・七ツ栗遺跡・大平 B 遺跡**』長野県埋蔵文化財センター ――12・13
堤隆 2004『**黒曜石 3 万年の旅**』NHK ブックス 1015 NHK 出版 ――10・11・15・18
堤隆 2004『**氷河期を生き抜いた狩人 矢出川遺跡**』シリーズ遺跡を学ぶ 9 新泉社 ――18
日本旧石器学会編 2006『**旧石器時代の狩猟を考える**』第 4 回シンポジウム発表要旨――14
橋本勝雄 2006「環状ユニットと石斧の関わり」『**旧石器研究**』2 日本旧石器学会――13
馬場悠男編 2005『**人間性の進化**』別冊日経サイエンス 151 日経サイエンス社――02・04
北海道埋蔵文化財センター 1999『**柏台 1 遺跡**』 ――16・19
宮守村教育委員会 2005『**金取遺跡―第 2・3 次発掘調査報告書―**』 ――03
米田穣 2008「古人骨の同位体分析でみた旧石器時代の食生態の進化」『**旧石器研究**』4 日本旧石器学会 ――16

あとがき

手のひらに包まれるほどのちっぽけな石器に、なかば人生をかけているような自分が、ときどき滑稽に思えます。背中に子どもの声を聞きながら足早に玄関を出て、ひとり遺跡に立っている人間が身勝手であることもわかっています。

自らを突き動かす「旧石器の魅力」とは何か？　四半世紀も研究しているのに、私にはよくわかりません。ボブ・ディランならその答えは「風に吹かれて」いるというのでしょうか。ただ、はるか４万年前に海を越えてやってきたほんのひとにぎりの命が、今の私たちに連なっているかと考えると、とても不可思議な思いにかられます。

100頁に満たない本書で、２万5000年間の旧石器時代を書こうなど土台無理な話で、これはほんの入り口にすぎません。あくまで私の主観であり、拙い考えで描く旧石器時代像ですが、その漠然としたイメージを臨場感あふれる絵にしてくださったのは、数多くの科学的復元画を手がける山本耀也先生です。この復元画は国立科学博物館に展示されているもので、同館の海部陽介さんに機会を与えていただいて私がその復元案を練り、描かれたものです。

本書執筆に際し、人類学では海部陽介さんや楢崎修一郎さん、考古学では小野昭さんや小菅将夫さん、古生物学では高橋啓一さん、深沢武雄さんにもご配慮を頂戴しました。また、池谷信之　出居博　稲田孝司　大竹憲昭　大山盛正　小川忠博　木村英明　工藤雄一郎　黒田篤史　近堂祐弘　佐野勝宏　島田和高　鈴木敏中　須藤隆司　早田勉　高野学　樽創　新井田秀一　馬場悠男　藤田祐樹　松岡廣繁　光石鳴巳　望月明彦　山田昌久　山元謙一　吉田政行の皆様にご高配賜りました。

このほか、たくさんの機関や個人の方々に貴重な所蔵資料の図や写真のご提供、ご教示をいただきました。皆様に心から御礼申し上げます。

人類が生きた初源の世界を、自由に旅することを夢みて。

2009年8月1日

堤　　隆

■所蔵先一覧

＊印は図中の一部のみ。写真提供者・撮影者が異なるものは「写真提供」に記した。
下記以外は著者。

相澤忠洋記念館：01②,01④／岩宿博物館：03⑦,08⑥,08⑧,08⑨,09①,09②,09③,09⑥,09⑨,15⑪,15⑫,17②／(財)岩手県文化振興事業団埋蔵文化財センター：19⑪／岩手県立博物館：01⑤／大網白里町教育委員会：19⑥／岡山大学考古学研究室：06③／鹿児島県立埋蔵文化財センター：14⑥,15②,16⑩／神奈川県教育委員会：08⑫,16④,16⑤,17④／神奈川県立生命の星・地球博物館：06⑥,17⑥／京都大学理学部地質学鉱物学教室：06⑧／国土画像情報(カラー空中写真)国土交通省：17⑤／国立科学博物館：01③,02②,04②,04④,04⑥,04⑫／国立極地研究所：05①,05②／佐久市教育委員会：03⑧／佐野市教育委員会：08⑪,17⑥＊／(財)静岡県埋蔵文化財調査研究所：14④,14⑤,14⑦,19④／仙台市富沢遺跡保存館：05⑥,05⑦,05⑧,05⑨,05⑩,16①／(財)千葉県教育振興財団：03③,17⑥＊／東京大学総合研究博物館：02⑧,04③,04⑦,04⑧,04⑩／同志社大学考古学研究室：15①／東北大学考古学研究室：16⑪,16⑫／遠野市教育委員会：03①,03②／栃木県立博物館：06①,06④／中種子町教育委員会：01⑦＊,16⑨／長野県埋蔵文化財センター：03④,03⑤,03⑥／長野県立歴史館：扉,06②,12①,12⑦,12⑧,12⑨,12⑩,13①,13③／新潟県教育委員会：08⑰／沼津市教育委員会：17⑥＊／羽曳野市教育委員会：01⑦＊,07①,08⑭,15③,15⑦／府中市郷土の森博物館：12③,18②／北海道立北方民族博物館：06⑨／北海道立埋蔵文化財センター：01⑦＊,07⑥,09⑤,10⑦,10⑧,10⑨,15⑧,16②,16③,19⑤,19⑦,19⑧,19⑨,19⑩,19⑫／三島市教育委員会：14①,14②／明治大学博物館：01⑦＊,01⑧,08⑱,17③／大和市教育委員会：17⑥＊／横須賀市教育委員会：14③
池谷信之氏：18①／大山盛正氏：04⑪／山田昌久氏：12⑥,15⑩／山本耀也氏：カバー,13④,18④,20
Nicholas Conard, Hilde Jensen, Sibylle Wolf, University of Tübingen：19②

■写真提供

岩宿博物館：01②,02④,03③,06①,06④／国立科学博物館：04③,04⑦,04⑧,04⑩,13④,18④,20／(株)テクネ(Photo画像データベース『先史人類の洞窟美術』所収：19①,19③／稲田孝司氏：06③／小川忠博氏：08①,19⑥／木村英明氏：16⑬／近堂祐弘氏：10⑩／高橋啓一氏：06⑧／光石鳴巳氏：08⑩／望月明彦氏：10①

■図版原図出典

岩宿博物館：01⑦,06⑦／小野有五・五十嵐八枝子 1991 『北海道の自然史』北海道大学図書刊行会：05③,05⑤／国立科学博物館編 2001『日本人はるかな旅展示図録』NHKプロモーション：02①,04①,04⑨／国立極地研究所 2006 『南極大図鑑』小学館：05④／芹沢長介編 1966・68・70 『星野遺跡』ニュー・サイエンス社：03⑨／谷和隆編 2000 『日向林B遺跡・日向林A遺跡・七ツ栗遺跡・大平B遺跡』長野県埋蔵文化財センター：13②／楢崎修一郎氏：02④

刊行にあたって

「遺跡には感動がある」。これが本企画のキーワードです。

あらためていうまでもなく、専門の研究者にとっては遺跡の発掘こそ考古学の基礎をなす基本的な手段です。また、はじめて考古学を学ぶ若い学生や一般の人びとにとって「遺跡は教室」です。

日本考古学では、もうかなり長期間にわたって、発掘・発見ブームが続いています。そして、毎年厖大な数の発掘調査報告書が、主として開発のための事前発掘を担当する埋蔵文化財行政機関や地方自治体などによって刊行されています。そこには専門研究者でさえ完全には把握できないほどの情報や記録が満ちあふれています。しかし、その遺跡の発掘によってどんな学問的成果が得られたのか、その遺跡やそこから出た文化財が古い時代の歴史を知るためにいかなる意義をもつのかなどといった点を、莫大な記述・記録の中から読みとることははなはだ困難です。ましてや、考古学に関心をもつ一般の社会人にとっては、刊行部数が少なく、数があっても高価なその報告書を手にすることすら、ほとんど困難といってよい状況です。

いま日本考古学は過多ともいえる資料と情報量の中で、考古学とはどんな学問か、また遺跡の発掘から何を求め、何を明らかにすべきかといった「哲学」と「指針」が必要な時期にいたっていると認識します。

本企画は「遺跡には感動がある」をキーワードとして、発掘の原点から考古学の本質を問い続ける試みとして、日本考古学が存続する限り、永く継続すべき企画と決意しています。いまや、考古学にすべての人びとの感動を引きつけることが、日本考古学の存立基盤を固めるために、欠かせない努力目標の一つです。必ずや研究者のみならず、多くの市民の共感をいただけるものと信じて疑いません。

監修　戸沢充則

編集委員　勅使河原彰　小野昭　小野正敏　石川日出志　小澤毅　佐々木憲一

著者紹介

堤　隆（つつみ・たかし）

1962年生まれ。東海大学文学部卒業。國學院大學大学院博士後期課程修了。博士（歴史学）。1992年藤森栄一賞受賞。2007年岩宿文化賞受賞。

現在、長野県御代田町浅間縄文ミュージアム主任学芸員。八ヶ岳旧石器研究グループ代表。

主な著作　シリーズ「遺跡を学ぶ」009『氷河期を生き抜いた狩人・矢出川遺跡』、シリーズ「遺跡を学ぶ」089『狩猟採集民のコスモロジー・神子柴遺跡』（新泉社）、『列島の考古学　旧石器時代』（河出書房新社）、『遠き狩人たちの八ヶ岳』（ほおずき書籍）、『黒曜石3万年の旅』（NHK出版）、『シンポジウム日本の細石刃文化』（編著、八ヶ岳旧石器研究グループ）、『神子柴』（共著、信毎書籍出版センター）ほか多数

シリーズ「遺跡を学ぶ」別冊02

ビジュアル版　旧石器時代ガイドブック

2009年8月25日　第1版第1刷発行
2015年4月25日　第1版第3刷発行

著　者＝堤　隆

発行者＝株式会社 新 泉 社
東京都文京区本郷2-5-12
振替・00170-4-160936番　TEL03(3815)1662／FAX03(3815)1422
印刷／萩原印刷　製本／榎本製本

ISBN978-4-7877-0930-1　C1021

シリーズ「遺跡を学ぶ」第1ステージ（100巻＋別冊4）

A5判／96頁／定価各1500円＋税

◉第Ⅰ期（全31冊完結・セット函入 46500円＋税）

01 北辺の海の民・モヨロ貝塚　米村　衛
02 天下布武の城・安土城　木戸雅寿
03 古墳時代の地域社会復元・三ツ寺Ⅰ遺跡　若狭　徹
04 原始集落を掘る・尖石遺跡　勅使河原彰
05 世界をリードした磁器窯・肥前窯　大橋康二
06 五千年におよぶムラ・平出遺跡　小林康男
07 豊饒の海の縄文文化・曽畑貝塚　木﨑康弘
08 未盗掘石室の発見・雪野山古墳　佐々木憲一
09 氷河期を生き抜いた狩人・矢出川遺跡　堤　隆
10 描かれた黄泉の世界・王塚古墳　柳沢一男
11 江戸のミクロコスモス・加賀藩江戸屋敷　追川吉生
12 北の黒曜石の道・白滝遺跡群　木村英明
13 古代祭祀とシルクロードの終着地・沖ノ島　弓場紀知
14 黒潮を渡った黒曜石・見高段間遺跡　池谷信之
15 縄文のイエとムラの風景・御所野遺跡　高田和徳
16 鉄剣銘一一五文字の謎に迫る・埼玉古墳群　高橋一夫
17 石にこめた縄文人の祈り・大湯環状列石　秋元信夫
18 土器製塩の島・喜兵衛島製塩遺跡と古墳　近藤義郎
19 縄文の社会構造をのぞく・姥山貝塚　堀越正行
20 大仏造立の都・紫香楽宮　小笠原好彦
21 律令国家の対蝦夷政策・相馬の製鉄遺跡群　飯村　均
22 筑紫政権からヤマト政権へ・豊前石塚山古墳　長嶺正秀
23 弥生実年代と都市論のゆくえ・池上曽根遺跡　秋山浩三
24 最古の王墓・吉武高木遺跡　常松幹雄
25 石槍革命・八風山遺跡群　須藤隆司
26 大和葛城の大古墳群・馬見古墳群　河上邦彦
27 南九州に栄えた縄文文化・上野原遺跡　新東晃一
28 泉北丘陵に広がる須恵器窯・陶邑遺跡群　中村　浩
29 東北古墳研究の原点・会津大塚山古墳　辻　秀人
30 赤城山麓の三万年前のムラ・下触牛伏遺跡　小菅将夫
別01 黒耀石の原産地を探る・鷹山遺跡群　黒耀石体験ミュージアム

◉第Ⅱ期（全20冊完結・セット函入 30000円＋税）

31 日本考古学の原点・大森貝塚　加藤　緑
32 斑鳩に眠る二人の貴公子・藤ノ木古墳　前園実知雄
33 聖なる水の祀りと古代王権・天白磐座遺跡　辰巳和弘
34 吉備の弥生大首長墓・楯築弥生墳丘墓　福本　明
35 最初の巨大古墳・箸墓古墳　清水眞一
36 中国山地の縄文文化・帝釈峡遺跡群　河瀬正利
37 縄文文化の起源をさぐる・小瀬ヶ沢・室谷洞窟　小熊博史
38 世界航路へ誘う港市・長崎・平戸　川口洋平
39 武田軍団を支えた甲州金・湯之奥金山　谷口一夫
40 中世瀬戸内の港町・草戸千軒町遺跡　鈴木康之
41 松島湾の縄文カレンダー・里浜貝塚　会田容弘
42 地域考古学の原点・月の輪古墳　近藤義郎・中村常定
43 天下統一の城・大坂城　中村博司
44 東山道の峠の祭祀・神坂峠遺跡　市澤英利
45 霞ヶ浦の縄文景観・陸平貝塚　中村哲也
46 律令体制を支えた地方官衙・弥勒寺遺跡群　田中弘志
47 戦争遺跡の発掘・陸軍前橋飛行場　菊池　実
48 最古の農村・板付遺跡　山崎純男
49 ヤマトの王墓・桜井茶臼山古墳・メスリ山古墳　千賀　久
50 「弥生時代」の発見・弥生町遺跡　石川日出志

◉第Ⅲ期（全26冊完結・セット函入 39000円＋税）

51 邪馬台国の候補地・纒向遺跡　石野博信
52 鎮護国家の大伽藍・武蔵国分寺　福田信夫
53 古代出雲の原像をさぐる・加茂岩倉遺跡　田中義昭
54 縄文人を描いた土器・和台遺跡　新井達哉
55 古墳時代のシンボル・仁徳陵古墳　一瀬和夫
56 大友宗麟の戦国都市・豊後府内　玉永光洋・坂本嘉弘
57 東京下町に眠る戦国の城・葛西城　谷口　榮
58 伊勢神宮に仕える皇女・斎宮跡　駒田利治
59 武蔵野に残る旧石器人の足跡・砂川遺跡　野口　淳
60 南国土佐から問う弥生時代像・田村遺跡　出原恵三
61 中世日本最大の貿易都市・博多遺跡群　大庭康時
62 縄文の漆の里・下宅部遺跡　千葉敏朗
63 東国大豪族の威勢・大室古墳群〔群馬〕　前原　豊
64 新しい旧石器研究の出発点・野川遺跡　小田静夫
65 旧石器人の遊動と植民・恩原遺跡群　稲田孝司
66 古代東北統治の拠点・多賀城　進藤秋輝
67 藤原仲麻呂がつくった壮麗な国庁・近江国府　平井美典
68 列島始原の人類に迫る熊本の石器・沈目遺跡　木﨑康弘
69 奈良時代からつづく信濃の村・吉田川西遺跡　原　明芳
70 縄紋文化のはじまり・上黒岩岩陰遺跡　小林謙一
71 国宝土偶「縄文ビーナス」の誕生・棚畑遺跡　鵜飼幸雄
72 鎌倉幕府草創の地・伊豆韮山の中世遺跡群　池谷初恵
73 東日本最大級の埴輪工房・生出塚埴輪窯　高田大輔
74 北の縄文人の祭儀場・キウス周堤墓群　大谷敏三
75 浅間山大噴火の爪痕・天明三年浅間災害遺跡　関　俊明
別02 ビジュアル版旧石器時代ガイドブック　堤　隆

◉第Ⅳ期（全27冊完結・セット函入 40500円＋税）

76 遠の朝廷・大宰府　杉原敏之
77 よみがえる大王墓・今城塚古墳　森田克行
78 信州の縄文早期の世界・栃原岩陰遺跡　藤森英二
79 葛城の王都・南郷遺跡群　坂　靖・青柳泰介
80 房総の縄文大貝塚・西広貝塚　忍澤成視
81 前期古墳解明への道標・紫金山古墳　阪口英毅
82 古代東国仏教の中心寺院・下野薬師寺　須田　勉
83 北の縄文鉱山・上岩川遺跡群　吉川耕太郎
84 斉明天皇の石湯行宮か・久米官衙遺跡群　橋本雄一
85 奇偉荘厳の白鳳寺院・山田寺　箱崎和久
86 京都盆地の縄文世界・北白川遺跡群　千葉　豊
87 北陸の縄文世界・御経塚遺跡　布尾和史
88 東西弥生文化の結節点・朝日遺跡　原田　幹
89 狩猟採集民のコスモロジー・神子柴遺跡　堤　隆
90 銀鉱山王国・石見銀山　遠藤浩巳
91 「倭国乱」と高地性集落論・観音寺山遺跡　若林邦彦
92 奈良大和高原の縄文文化・大川遺跡　松田真一
93 ヤマト政権の一大勢力・佐紀古墳群　今尾文昭
94 筑紫君磐井と「磐井の乱」・岩戸山古墳　柳沢一男
95 東アジアに開かれた古代王宮・難波宮　積山　洋
96 鉄道考古学事始・新橋停車場　斉藤　進
97 北の自然を生きた縄文人・北黄金貝塚　青野友哉
98 北方古代文化の邂逅・カリカリウス遺跡　椙田光明
99 弥生集落像の原点を見直す・登呂遺跡　岡村　渉
100 「旧石器時代」の発見・岩宿遺跡　小菅将夫
別03 ビジュアル版縄文時代ガイドブック　勅使河原彰
別04 ビジュアル版古墳時代ガイドブック　若狭　徹